日本語の歴史 5下

音便の千年紀

柳田征司

Yanagida Seiji

武蔵野書院

目次

九　全国諸方言アクセントの分岐
特殊音素の独立性10／アクセント体系の分岐10／第一類動詞・第一類形容詞の東京アクセント11／一音節名詞の東京アクセント13／三音節名詞の東京アクセント14／四音節名詞の東京アクセント15／五音節名詞の東京アクセント18／東京アクセントの統成的機能19／例えば福岡市アクセント20／鹿児島アクセント22／鹿児島アクセントにおける名詞の二型25／二型アクセントの祖形からの分岐28／一型アクセント29／複雑に分岐してしまったアクセント体系31

一〇　二音節を単位とする韻律
韻律の単位34／韻律意識35／その単位は外形的性質を具有するか37／二音節を単位の基本とする韻律意識と『万葉集』の字余り39／意識の来由42／日本語韻文四拍子説45／現代日本語の音節46／母音の無声化52

一一　音便の進行とその問題点
先発の音便とその成立の先後54／イ音便の定着と拗音の変質がもたらしたもの57／後発音便の生起と各音便の変容57／マ・ナ行撥音便の変容59／バ行撥音便60／形容詞イ音便・ウ音便61／形容動詞・カリ活用形容詞・助動詞「タリ」「ナリ」の連体形61／〈キ・ギ→イ〉にはずれる音便―「行ッテ」「歩ッテ」63／複合動詞の前部要素に現れる音便と強調表現65／音便の進行66

一二　広義の撥音便と狭義の撥音便―鼻母音と撥音
濁音の前の鼻母音68／濁音の前の鼻音は、固有のものであるのか、新しく生まれたものであるのか69／連濁と鼻音濁との相互関係72／鼻母音と促音73／撥音の成立76／撥音mとn78／広義の音便もm・nに80／mとnとの二種の撥音が生まれたわけ82／マ行動詞の音便のその後83／ŋ撥音は生まれなかった86／漢字音の三内撥音韻尾の受け入れ86／撥音m・nの表記88／mとnの混同・合一化88／濁音の前の鼻音の衰退89／ガ行音の音価92

一三　撥音便と濁音
清濁の別94／古く語頭に濁音が立たなかったこと95／語頭濁音語の新生100／語頭ラ行音語

101／連濁生起の原因―先学の説明102／連濁生起の原因を考察する方向104／連濁の機能106／多音節語の連濁107／音位転倒109

一四　撥音便とハ行音

ハ行音の変遷112／〈p→Φ〉変化の時期114／〈p→Φ〉変化の原因116／バ行音とマ行音117／ハ行転呼音119／バ行転呼〈b→w〉120／語頭における〈p→Φ〉123／p音の残存と新生125／強調表現に現れるp音127／漢語に現れるp音128／ニホン（日本）とニッポン129／パ行音の成立131／/Φ/から/h/への変化132／沖縄方言のハ行音p133

一五　促音便と舌内入声音（t入声音）

t入声音138／『天草版伊曽保物語』のt入声音139／t表記は促音を表す―後続音が濁音・清音である場合141／t表記は促音を表す―後続音がその他の音である場合144／促音表記二種の使い分け146／『教行信証』から148／濁音・ナマ行音・アヤワ行音が後続する促音と語末の促音との衰退151／連声153

一六　ウ音便・イ音便と長音

音便と長音―室町時代の長音156／オ段長音開合の成立158／〈-oː ↕ -uː〉〈-o ↕ -u〉の揺れ159／オ段長音開合の混同と音便161／江戸時代の長音―エ段長音とア段長音の成立162／漢字音の長音化163／沖縄方言の長音166

一七　イ音便の一般化による拗音の成立とエ段音・イ段音の口蓋化

ウ段開拗音168／合拗音の片寄った成立と衰退169／サ・ザ行音の音価とサ・ザ行拗音170／ヤ行のエ(je)とア行のエ(e)、ワ行のヲ(wo)とア行のオ(o)171／eとj̩eの混同、oとu̯oの混同173／e・oへの回帰174／エ段音とイ段音の口蓋化175／エ段開拗音が生じなかったわけ176／エ段音の非口蓋化178／〈-aj̩e → -ai〉〈-oj̩e → -oi〉〈-aj̩u → -ai〉などの変化179／エ段音のイ段音への変化181／四つ仮名の混同182／一つ仮名(ズーズー弁)183

一八　沖縄方言の口蓋化と三母音化傾向―沖縄方言の史的位置

『おもろさうし』における口蓋化186／『おもろさうし』における「エ」と「イ」の揺れ188／『おもろさうし』における〈-aCje → -aCi〉〈-oCje → -oCi〉(Cは子音)などの変化189／沖縄方言の三母音化傾向190／沖縄方言の「キ」(木)「ウティ」(落)「ウリ」(降)などの問題190／有坂秀世氏の着想191／服部四郎氏の支持193／例外となる例に対する説明194／『お

もろさうし』に認められる、本土方言イ段音に対応するエ段音196／「キ」（木）が「チ」にならなかったわけ198／沖縄方言における「キ・ギ」の「チ・ジ」への変化201／沖縄方言の史的位置201

おわりに203

あとがき207

九　全国諸方言アクセントの分岐

特殊音素の独立性

狭義の音便によって生み出した特殊音素、母音連続の後部母音「イ」と、撥音・長音・促音は独立性を獲得したというものの、存在として弱かった。中でも促音は、音を伴っていないから、これを単独で発音することができず、独立性が弱かった。以前、金田一春彦氏の添え書きがある方言通信調査票に「あっ！」という感動詞が一つの単位であるか二つの単位であるかという問いがあった。松山市方言を身につけている私の意識では、「あっと驚く。」の「あっと」は三つの単位であるけれども、「あっ！」の場合は一つの単位と意識していると回答したことを覚えている。「書いて」「読んで」ははっきりと三つに切って発音することができる。しかし、単独の「ン」は多くの人がuNと発音し、Nではないから、「イ」よりも独立度が低いのであろう。後部母音「ウ」と、iに後続する母音「イ」とは、二音節とは言え長音になったから、「イ」や撥音に比べて音節としての独立性は弱い。特殊音素の独立度は、高い方から、「イ」・撥音・長音・促音の順と見られている。

アクセント体系の分岐

『日本語の歴史1』で論じたように、方言によってこの特殊音素の独立度に違いが生じ、それが原因になって、日本語のアクセント体系は大きく次の三つの体系に分岐した。

京都式アクセント・東京式アクセント・鹿児島式アクセント

『日本語の歴史1』では私の説明を理解してもらいやすくするために簡略を旨とした。そのため、音便の一般化によって〈アクセント第二類動詞連用形＋テ〉と〈アクセント第二類形容詞終止連体形〉に起きたアクセント変化が重要であるため、第二類に説明をとどめた。また、そこに起きた変化が名詞に及んだ経緯については、最も関心の高い二音節名詞と、因果関係が明確な三音節名詞第七類と四音節名詞の第七類に説明を限った。

第一類動詞・第一類形容詞の東京アクセント

ここでは、少し説明を拡充し、私の説明が全国諸方言アクセントの分岐を説明する有効なものであることを示したい。私の説に最も理解を示されたのは他ならぬ金田一春彦氏であったが、氏が私信で勧奨されたことは名詞のアクセントをはじめとする広範囲にわたる説明の拡充であった。以下の説明がその教示にいくらかでも応えるものとなっていることを願いつつ筆を進めたい。

先ず、大きくは二類からなる動詞と形容詞の第一類のアクセントである。その院政期における京都の形は次のようであり、それが現代東京アクセントでは↓印の下のようになっている。

動詞連用形＋テ・タ　院政京都　現代東京

⑧二音節第一類動詞　●○▽　↓○●▼　ナイテ（鳴）・トンデ（飛）・チッテ（散）…

⑨三音節第一類動詞　●●○▽↓○●●▼　ミガイテ（磨）・ススンデ（進）・ノボッテ（登）…

形容詞終止連体形

⑩三音節第一類形容詞　●●○　↓○●●　アカイ（赤）・カルイ（軽）…

⑪四音節第一類形容詞　●●●○↓○●●●　ツメタイ（冷）・タヤスイ（容易）…

⑧の〈二音節第一類動詞＋テ〉、例えば「鳴イテ」などは●○▽であったが、後に東京式アクセントになる地域では、終止連体形の形●●にひかれて、●●▽に転じた。それによって、〈第二類動詞連用形＋テ〉、例えば「書イテ」○●▽が●○▽に転じても、衝突しないですんだ。そして、統成的機能を獲得するために●●▽の●●を○●に変えようとしたが、そのようにして生まれる○●▽は、特殊音素が単独でアクセントの山を担う形となるため、○●▼に転じた。

⑨は統成的機能獲得のために●●…を○●…に変え、第二類との違いを維持するために語末まで●▼にしたものが東京アクセントの形である。⑩⑪の場合も、それと同じ変化が起きたものが東京アクセントの形である。もっとも⑪は第二類と同じ形も行われるようになっている。広島市方言などでは⑩も第二類との別を失っている。

一音節名詞の東京アクセント

院政期京都の一音節名詞のアクセントの形は次の通りであった。

第一類（戸類）　●・⬮　●▼・⬮▼

第二類（名類）　●・◓　●▽・◓▽

第三類（手類）　○・◒　○▼・◒▼

後に東京式アクセントとなる地域では、第三類名詞○▼は、二音節第二類動詞終止連体形に生じた〈○●→●○〉（例、書ク）の変化に牽かれて、●▽に変化した。第一類名詞●▼は、統成的機能を獲得するために語頭の低下が起き、○▼となった。第二類名詞は、第一類動詞連体形に生じた〈●○→●●〉の変化にひかれて、●▽が●▼となり、第一類名詞に合流して、これに語頭の低下が起きた。こうして東京アクセントでは一音節名詞の型は二類となった。二類になると、長音の必要性がなくなり、東京アクセントでは一音節名詞の長呼は衰退した。

第一類（戸類）　●▼→○▼

第二類（名類）　●▽→●▼→○▼

第三類（手類）　○▼→●▽

古代の一音節の地名が長音形で現れることがあることは『日本語の歴史5上』176頁で見たが、その例が越後の「都宇《（ツウ）》《宇豆》」、遠江の「渭伊《（ヰイ）》《以為》」、三河の「宝飫《（ホオ）》」を除いて、西部に集中しているところから、一音節名詞の長呼が古代から西部方言に限られていたとする説がある。しかし、私は、東部方言においては後に一音節名詞の長呼がなくなるのであって、古くは東西の別なく長音形が広く行われていたのではないかと推定する。

三音節名詞の東京アクセント

三音節名詞の院政・鎌倉時代と室町時代の京都のアクセントに現代東京アクセントを対比して示すと表の通りである。『日本語の歴史1』174頁以下では第七類を扱い、〈二音節第二類動詞連用形＋テ〉に起きた〈○●▽→●○▽〉（例、書イテ）の変化に牽かれたものと説明するにとどめた。その他の類はどのように変化したのであろうか。第一・第二類は統成的機能獲得のために●●…を○●…に変えたもの。ただし、第二類は●を後ろに後退させている。第四類は京都の室町時代の形に同じ変化が起きた形となっている。勿論室町時代の京都のアクセントから変化したのではなく、後に江戸・東京となる地域に、京都と同じ変化が起きたものである。変化する事由がなかった第三・六類は変化しないままの形である。第五類は京都の室町時代の形と同じ形をそのままとどめている。

○○●・○○●▼から●○○・●○○▽への変化は連続する低における隆起が起きたものである。

(表) 三音節名詞の東京アクセントの成立

	院政・鎌倉時代京都	室町時代京都	現代東京
第一類(形類)	●●●・●●●▼	●●●・●●●▼	○●●・○●●▼
第二類(小豆類)	●●○・●●○▽(←●●○▼)	●●●・●●○▽	○●●・○●●▽
第三類(二十歳類)	●○○・●○○▽(←●○○▼)	●○○・●○○▽	●○○・●○○▽
第四類(頭類)	○○○・○○○▼	●●○・●●○▽	○●●・○●●▽
第五類(命類)	○○●・○○●▼	●○○・●○○▽	●○○・●○○▽
第六類(兎類)	○●●・○●●▼	○●●・○●●▼	○●●・○●●▼
第七類(兜類)	○●○・○●○▽(←○●○▼)	○●○・○●○▽	●○○・●○○▽

四音節名詞の東京アクセント

院政・鎌倉時代の四音節名詞の京都アクセントと現代東京アクセントを対比してみると、予想以上にかなり綺麗な対応関係を示している。今、私に類の名前を付けて示すと表の通りである。現代東京方言の平板型と有核型、例えば○●●●と○●●●」とは同じ扱いとし、○●●●で示した。

（表）四音節名詞のアクセント―院政・鎌倉時代京都と現代東京

	院政・鎌倉時代京都	現代東京
第一類（サイハヒ、幸）	●●●●	○●●●
第二類（イニシヘ、古）	●●●○	○●●●・○●○○
第三類（ヤキガネ、鐎）	●●○○	○●●●・○●○○
第四類（ツキナミ、月並）	●○○○	（少数）
第五類（タカドノ、楼）	○○○○	○●●●・○●○○
第六類（ヤマガキ、鹿心柿）	○○○●	○●●●・○●○○・○●●○
第七類（アサガホ、朝顔）	○○●○	○●○○・○●●●
第八類（ヲリフシ、折節）	○●○○	○●●●
第九類（シロカネ、銀）	○○●●	○●●●
第一〇類（オトガヒ、頤）	○●●○	（少数）
第一一類（ウチカケ、裲）	○●●●	○●●●
第一二類（メガハラ、䍪）	◒○○○	（少数）
第一三類（メカツラ、桂）	◒●●●	（少数）
第一四類（アセミゾ、汗溝）	○○○◓	（少数）

『日本語の歴史1』178頁以下では第七類名詞を扱い、〈二音節第二類動詞連用形＋テ〉に起きた〈○○●▽→○●○▽〉（例、動イテ）の変化に牽かれたものと説明するにとどめた。その他の類のうち例数の多いものについて見ると、次の変化が起きたものと説明できる。第一・二・三・九類は統成的機能を獲得しようとした変化である。第五類は室町時代以降の京都アクセント●●●○に統成的機能の変化が起きたものである。第六類は連続する低における隆起が起きたもの。第一一類は変化が生じていない。残る第八類は平板化が起きたものと見られる。第六・七類にも○●○○とともに平板化形○●●●が認められる。逆に第二・三・五類の○●●●には、類推によって○●○○が生まれている。

現代東京方言の四音節名詞のアクセントは次のようになっていて、どこに下り核があるかが重視されているように見える。

○●●●▼　トモダチ（友達）
○●●●▽　イモオト（妹）
○●●○▽　アマガサ（雨傘）
○●○○▽　アサガオ（朝顔）
●○○○▽　タンポポ（蒲公英）

しかし、多音節語においてはどこに下り核があるかはさほど重要でなくなり、語頭における統成的機能を重視する方向にあるものと見られる。

五音節名詞の東京アクセント

院政鎌倉時代の京都における五音節名詞のアクセントには一五の類を認めることができる。

第一類 ●●●●● 第二類 ●●●●○ 第三類 ●●●○○ 第四類 ●●○○○
第五類 ●○○○○ 第六類 ○○○○○ 第七類 ○○○○● 第八類 ○○○●○
第九類 ○○●○○ 第一〇類 ○●○○○ 第一一類 ○○○●● 第一二類 ○○●●○
第一三類 ○○●●● 第一四類 ○●●●○ 第一五類 ○●●●●

このうち、院政・鎌倉時代のアクセント資料に、現代東京方言アクセントの形と対応する例がかな

(表) 五音節名詞のアクセント―院政鎌倉京都・現代京都と現代東京

	院政鎌倉京都	現代京都	現代東京
第二類(サキバラヒ、前駈)	●●●●○	●●●○○他	○●●○○・○●●●●
第六類(アブミズリ、承鐙)	○○○○○	●●●○○他	○●●○○・○●●●●
第七類(アブラカメ、油瓶)	○○○○●	●●●○○他	○●●○○
第八類(イキズタマ、窮鬼)	○○○●○	●●●○○他	○●●○○・○●●●○

りの数認められるものを示すと前頁の表の通りである。現代京都方言の形も示した。これを見ると、東京方言も京都方言と同じ変化をして行く中で、いつかの段階で統成的機能を獲得するために語頭の●●…を○●…に変えたものと見ることができる。

〈四音節第二類動詞連用形＋テ〉の院政・鎌倉時代のアクセント、例えば「傾《カタム》イテ」「営《イトナ》ンデ」などは○○●○▽であったから、音便の生起によって特殊音素が単独でアクセントの山を担うことにはならなかった。従って、五音節名詞の東京式アクセントには音便による変化は起きなかった。

東京アクセントの統成的機能

東京アクセントはなぜ統成的機能を目指したのであろうか。東京アクセントでは音便の生起によって例えば二音節名詞に次の変化が起き、語頭の高低が逆転した。

第五類（猿聟類）　○●▽→●○▽、○●→●○

第四類（松笠類）　○●→●○

しかし、音便の生起によって四音節以上の名詞に起きた変化は〈○○●○→○●○○〉だけであり、語頭の高低はそのまま維持された。高低が変わったのは統成的機能を獲得するために語頭が低に変化した類と、連続する低における隆起が起きた類とだけであった。そのため二音節名詞とその複合語の語頭のアクセントの高低が一般に異なることとなった。

（表）東京アクセントにおける式保存の法則の崩壊

	院政・鎌倉時代京都	現代東京
猿《サル》	○●	●○
猿～	○～	○～
猿捕《サルトリ》	○○●○（『和名抄』『医心方』）	○●○○
猿頬《サルボホ》	○○○●（観智院本『名義抄』）	○●●●・○●○○
猿麻桛《サルヲカセ》	○○○●○（観智院本『名義抄』）	○●●○○

つまり、金田一春彦氏のいわゆる「式保存の法則」が破れてしまった。これは、意味の違いを表すというアクセントの示差的機能の大きな部分を失ったことを意味する。その結果、東京アクセントは意味のまとまりの切れ目を示す統成的機能を獲得する方向へ動いて行った。

例えば福岡市アクセント

第一類動詞・第一類形容詞は音便によってアクセントが変わることはなかった。そのため、同じ東京式アクセントとは見られるものの、さまざまなアクセント体系が生まれることとなってしまった。例えば福岡市アクセントは、〈第二類動詞連用形＋テ〉と第二類形容詞終止連体形のアクセントは東京アクセントと同じであるが、〈第一類動詞連用形＋テ〉と第一類形容詞終止連体形のそれは東京アクセントと違って第二類と同じ形になっている。いわば入れ代わりに失敗している。

	第二類	第一類
①二音節動詞連用形＋テ	●○▽（書イテ）	●○▽（鳴イテ）
②三音節動詞連用形＋テ	○●○▽（動イテ）	○●○▽（磨イテ）
③二音節形容詞終止連体形	●○（良イ）	
④三音節形容詞終止連体形	○●○（白イ）	○●○（赤イ）
⑤四音節形容詞終止連体形	○●●○（短イ）	○●●○（容易《タヤス》イ）

そのため名詞のアクセントも東京アクセントとは異なることとなっている。

（表）福岡市方言の名詞のアクセント（金田一春彦氏による。東京アクセントと同じ形○印、異なる形×印）

	福岡市	東京			福岡市	東京	
〈一音節名詞〉							
第一類（戸）	●▽	○▼	×	第三類（手）	●▽	●▽	○
第二類（名）	●▽	○▼	×				
〈二音節名詞〉							

第一類（庭）	○●▽	○●▼	×
（鳥）	●○▽	○●▼	×
第二類（川）	○●▽	○●▽	○
（石）	●○▽	○●▽	×
〈三音節名詞〉			
第一類（形）	○●●▽	○●●▼	×
第二類（小豆）	○●○▽	○●●▽	×
第四類（頭）	○●●▽	○●●▽	○

第三類（山犬）	○●▽	○●▽	○
第四類（松笠）	●○▽	●○▽	○
第五類（猿聟）	●○▽	●○▽	○
第五類（命）	○●○▽	●○○▽	×
第六類（兎）	○○○▽	○●●▼	×
第七類（兜）	●○○▽	●○○▽	○

二音節名詞第五類と三音節名詞第七類が東京アクセントと同じである点は見逃せない。

東京式アクセントでありながら、部分的に違いを有する体系は全国にいろいろな形で存在する。現代日本語のアクセント体系が驚くほどさまざまな形で存在することになっている原因は音便によって特定の部分にアクセントに変化が生じたからである、と考えてよく理解できる。

鹿児島アクセント

『日本語の歴史1』では鹿児島式アクセントについても第二類動詞と第二類形容詞とに起きた変

化を扱うにとどめた。しかし、鹿児島式の二型アクセントを説明するためには第一類動詞・第一類形容詞を合わせて扱ってこそ十全である。この方言では、特殊音素は、独立性を持たないために前のCV（またはV）と一体となって、一つの音節を構成した。即ち、特殊音素は、前の音節のアクセントが高ければ、特殊音素も前の音節と一体となって一つの音節となり高く、前の音節のアクセントが低ければ、特殊音素も前の音節と一体となって一つの音節となり、低くなった。〈二音節動詞連用形＋テ〉のアクセントの場合から見ると、院政・鎌倉時代のアクセントは次のようであった。

二音節第一類動詞連用形＋テ　●○▽（鳴キテ）
二音節第二類動詞連用形＋テ　○●▽（書キテ）

音便が起きると、特殊音素が前の音節のアクセントと同じ高さになって、次のようになった。

第一類　ナイテ　●●▽
第二類　カイテ　○○▼

第二類の形が○○▽でなく○○▼になっているのは、「キ」に存した高が後の「テ」に残存することとなったものである。「ナイ」「カイ」はいずれも一音節であったから、転成形が広く行われるようになっている。

第一類　ネテ（鳴）　●▽
第二類　ケテ（書）　○▼

右と同じことが起き、〈三音節動詞連用形＋テ〉のアクセントは次のように変化した。

三音節第一類動詞連用形＋テ　●●○▽（当リテ）→●●●▽アタッテ→●●▽アタテ
三音節第二類動詞連用形＋テ　○○●▽（習ヒテ）→○○○▼ナラッテ→○○▼ナラテ

形容詞連体形のアクセントは音便の生起によって次のように変化した。

三音節第一類形容詞連体形　●●○（赤キ）→●○○アカイ→●○アケ
三音節第二類形容詞連体形　○○◓（白キ）→○●●シロイ→○●シレ
四音節第一類形容詞連体形　●●●○（容易キ）→●●○○タヤスイ→●●○タヤシ
四音節第二類形容詞連体形　○○○◓（短キ）→○○●●ミジカイ→○○●ミヒケ
五音節第一類形容詞連体形　●●●●○（潔キ）→●●●○○イサギヨイ→●●●○イサギエ
五音節第二類形容詞連体形　○○○○◓（快キ）→○○○●●ココロヨイ→○○○●ココロエ

形容詞の場合、特殊音素が前のCVと同じ高さになるのであれば、次のようになる方が自然である。

	三音節	四音節	五音節
第一類形容詞連体形	●●●（赤イ）	●●●●（容易イ）	●●●●●（潔イ）
第二類形容詞連体形	○○○（白イ）	○○○○（短イ）	○○○○○（快イ）

平山輝男氏によれば、第二類がこの形をしている二型アクセントに佐賀南部（藤津）・中部（杵島郡）があるから、この形が実現した方言もあった。鹿児島方言など九州南部では第二類が先のように実

現した。これは、特殊音素に存した高を維持するために前のCVの方を高くして一体となったものと見られる。鹿児島方言などではそれに合わせて第一類の方も、特殊音素の低を維持して、前のCVを低くして一体となっている。

なお、現代鹿児島方言は形容詞終止・連体形は「〜カ」形をとるけれども、音便が一般化する頃までは「〜イ」形であったと考えられる。音便が一般化し、カ語法に変移してして行くこととなった。その理由については『日本語の歴史1』200頁で論じた。

こうして、第一類動詞・第一類形容詞に出来上がったアクセントが、平山輝男氏によって名付けられたA型アクセントの祖形であり、第二類のアクセントがB型アクセントである。

鹿児島アクセントにおける名詞の二型

動詞・形容詞に起きたアクセント変化は名詞のそれに影響を与えるところとなり、名詞のアクセントも二型に収斂して行くこととなった。先ず、三音節名詞から見ると、鹿児島方言では音便の一般化によってその形を次のように変えた。

第一類（カタチ）　●●●→●●○

第二類（アズキ）　●●○→●●○

第三類（ハタチ）　●○○→●●○
第四類（アタマ）　○○○→○○●
第五類（イノチ）　○○●→○○●
第六類（ウサギ）　○●●→○○●
第七類（カブト）　○●○→○○●

第三類は〈二音節第一類動詞連用形＋テ〉に起きたアクセント変化に牽かれたものであろう。第七類は〈二音節第二類動詞連用形＋テ〉に起きた変化に牽かれたものである。第二類と第五類には変化が起きなかった。第二類には三音節第一類形容詞連体形に起きた変化、第五類には三音節第二類形容詞連体形に起きた変化にそれぞれ牽かれて変化していてもよいように思われる。ここにその変化が起きなかったのは、先に見たように、三音節第一類形容詞は●●●か●○○に、三音節第二類形容詞は○○○か○●●に変化する可能性があって、一つの語形への変化の力が弱かったからと考えられる。第六類に起きた変化は次のような事情によるのであろう。「白イ」「短イ」などのアクセントが、

○○◓（白キ）　→○●●（白イ）　→○●（シレ）
○○○◓（短キ）→○○●●（短イ）→○○●（ミヒケ）

のように変化して、語末の●●が●になる、その動きに牽かれたのではないか。このようにして、

アクセントが、次の二つの型、

A型　●●○（第二・三類）

B型　○○●（第五〜七類）

に収斂して行くと、高にはじまる第一類はA型に、低にはじまる第四類はB型に吸収されることとなった。

二音節名詞は三音節名詞の場合と同様に理解される。

第一類（庭鳥）　●●▼→●●▽

第二類（石川）　●○▽→●●▽

第三類（山犬）　○○▽→○○▼

第四類（松笠）　○●▼→○○▼

第五類（猿聟）　○●▽→○○▼

次に助詞の付かない二音節名詞のアクセントを見る。鹿児島方言では次のようになっている。

第一類（庭鳥）　●●→●○

第二類（石川）　●○→●○

第三類（山犬）　○○→○●

第四類（松笠）　○●→○●

第五類（猿聟）　○●→○●

第二・四・五類はアクセントに変化が生じていない。第一類と第三類は、既に見た二型アクセントへと収斂して行く動きの中でそれぞれの型に吸収されたものであろう。

一音節名詞も右とほぼ同様で、第一類名詞に一音節助詞が付く形だけが形を変えている。

第一類（戸）　●→●、●▼→●▽
第二類（名）　●→●、●▽→●▽
第三類（葉）　○→○、○▼→○▼

二型アクセントの祖形からの分岐

私の推定では、音便の一般化によって院政・鎌倉時代の形から生まれた二型アクセントA型は次の形をしていたことになる。

一音節語　●　戸・名…
二音節語　●○　庭・石…
三音節語　●●○　形・小豆・二十歳…
四音節語　●●●○　友達・鴛鴦…

平山氏によれば、二型アクセントA型には表のような形をしている方言が存するという。（ ）内は自然または無造作な形。このような形が存するところから見ても、私が推定した祖形はあり得たものと見られる。その後の調査によれば更にいろいろな形の二型アクセントが存在する。それらが、系譜的に変化したものであるのか、祖形から分岐したものであるのか、或いはまたその両方を含むのかは今後明らかにされるであろう。鹿児島アクセントは祖形から下り核の位置のみを示した形であろう。

（表）二型アクセントA型の諸種

	佐賀中部（杵島郡）	佐賀南部（藤津）	長崎	鹿児島
一音節語	●	●	●	●
二音節語	●○	●○	●○	●○
三音節語	●●○（●○○）	●○○	●●○（○●○）	○●○
四音節語	●●○○（○●○○）	●○○○	●●○○（○●○○）	○○●○

一型アクセント

他方B型のアクセントには二種の体系が存した。

（表）二型アクセントB型の諸種

	鹿児島方言ほか	佐賀方言
一音節語	○	○
二音節語	○●	○○
三音節語	○○●	○○○
四音節語	○○○●	○○○○

都城市などの尻上がり一型アクセントは鹿児島二型アクセントから生じたものと見られる。A型・B型の二型を存続させても知的意味の弁別に役立つという利点がほとんどなかったからであろう。二型アクセントも文中における意味の切れ目を示すという統成的機能を果たしたが、尻上がり一型アクセントはより有効にそれが働いたのである。

茨城・栃木・福島・愛媛県肱川流域などに分布する平板式一型アクセントは、鹿児島県のA型（●○・○●○・○○●○）と佐賀県のB型（○○・○○○・○○○○）とを組み合わせたようなアクセントからA型がB型に吸収されたものと見られる。この方言では一つの単語を単独で発音すると、高低がその都度異なるというようなことが生じる。そのため無アクセントとも呼ばれる。

こうして、東京式アクセントは頭部統成機能型アクセントとなり、平板式一型アクセントを除く鹿児島式アクセントは尾部統成機能型アクセントとなった。

複雑に分岐してしまったアクセント体系

鹿児島式アクセントも右にいくらか見たようにさまざまな形を生み出している。沖縄方言アクセントの研究も進んでおり、与那国方言などのように、二音節名詞第三類（院政・鎌倉時代○○▽）、三音節名詞第四類（院政・鎌倉時代○○○▽）がB型に吸収されず、三型になっている方言も報告されている。また、ここでは省略に従うけれども、京都式アクセントも各地にさまざまな形を生み出すこととなっている。私が認定する三つの体系はおよそまとまった分布を示すけれども、それぞれの内部における違いは狭い地域で認められる。現代日本語のアクセントは一つの言語のアクセントがこれほどまでさまざまに異なっていてよいのかと思うほど複雑な様相を呈している。

このような状況を生み出すこととなった原因は音便の一般化にあった。イ音便は、複合語を造成することによって生じていた非等時音節を粒の揃った等時音節にすることができるために、一般化した。そして、それに牽かれて進行した撥音便と促音便は、撥音・促音を生み出し、漢語の受容を容易にすることができるために、一般化した。しかしながら、そのようにして生じた特殊音素、特に促音は一つの音節としての独立度が低く、日本語のアクセント体系をさまざまな形に分岐させることとなった。音便が一般化し、定着した頃、日本各地の交流は少なかった。そのためアクセントの分岐・変容が進んでも大きな障碍とはならなかった。もし、各地の交流や人の移動が今日のように盛んであったならば、音便の進行は立ち消えとなっていた可能性がある。或いは、立ち消えしないまでも、アクセントの甚だしい分岐・変容を抑止する形を探り出していたのではないか。

複雑に分岐してしまったアクセント体系は、首都機能を再び京都式アクセント地域に移したりしないかぎり、東京式アクセントを軸に収斂して行くことになるであろうが、それにはなお相当長い時間を要するものと思われる。

一〇　二音節を単位とする韻律

韻律の単位

我が国の韻文の韻律が、二音節を一単位とする単位と一音節の単位とを組み合わせた形で成り立っているとする説がある。岩野泡鳴『新体詩の作法』（修文館 一九〇七・一二）や福士幸次郎「リズム論の新提議」（『文学世界』一九一九・一二）がその端緒を開き、土居光知『文学序説』（一九二二・七）によって広く知られるようになった説である。土居氏は、三音節・四音節の語句は、一般に二気力を必要とし、二つの部分に分かれるとして、その単位を「音歩」（Foot or timeunit）と呼んだ。そして、例えば次のように、韻文の七音句は四音歩からなり、五音句は三音歩からなるとした。

みづ―しづ―か―なる　えど―がは―の　（水静かなる　江戸川の）

なが―れの―きし―に　うま―れ―いで　（ながれの岸に　うまれいで）（藤村詩集、おえふ）

この説明は確かに我々の韻律意識を捉えているように思われる。我々は、指折りながら、「み・づ・し・づ・か・な・る　え・ど・が・は・の」と一音ずつ数えることもあるけれども、朗読する時やゆっくり読む（黙読を含む）時には2・2・1・2　2・2・1のように二音節と一音節の単位に切っている。

この韻律論は、やがて、土居氏が用いた休符を拡大使用して、日本語韻文四拍子説に展開して行った。例えば、先の詩句を例に取れば、

みづ｜しづ｜か𝄾｜なる　　えど｜がは｜の𝄾｜𝄽｜

のように七音句も五音句も四拍子のリズムになっているとするものである。先行説を丁寧に見直し、整然とした論理によって展開された川本皓嗣『日本詩歌の伝統―七と五の詩学―』（岩波書店一九九一・一二）の四拍子説もあって、有力な説となりつつあるようにも見える。しかし、それへの疑問や批判も出されているように、根本のところが明らかにされていないように私には思われる。

まず、第一に、二音節の単位と一音節の単位とからなるという、この単位は、我々の意識がこれを認めるほかに、これを保証するなんらかの外形的性質を具有しているのか、という問題がある。音声・意味・文法などの視点から見て一単位としての形を備えているのか、いないのかという問題である。そして、もう一つ、もし、その単位がそういう外形的性質を具有していないとすれば、我々のそのような意識がどこから来るのか、そして、その意識は、日本人がもともと持っていたものなのか、それとも、何らかの原因によって後世持つようになったものであるのかという問題がある。

韻律意識

例えば次のような例によっても近代日本語の韻文の韻律が二音節を単位の基本としているらしいことが指摘されるようになっている。

古池や　蛙がとびこむ　水の音

古池や　蛙とびこんだ　水の音

第二句はともに八音で字余りである。それにもかかわらず、前者には字余り感がなく、後者には字余り感がある。前者については、指を折って数え、字余りを確認したい気持ちになる。この違いは、

フル―イケ―ヤ　カワ―ズガ―トビ―コム　ミズ―ノ―オト

フル―イケ―ヤ　カワ―ズ―トビ―コン―ダ　ミズ―ノ―オト

のように二音節と一音節との単位に切って読むことから来るものと考えられる。韻律の単位が、〈三・四・三〉となっている前者には字余り感がなく、〈三・五・三〉となっている後者には字余り感があるのであろう。

しかし、人の意識が曖昧になる場合もある。その顕著なケースは句頭に一音節語が立つ場合である。土居氏が、意味のまとまりを無視して、韻律上は「みさご居るいそかはに生ふる　名の|りそ|の　名はのらしてよ親は知るとも」「今はただ思ひたえなむ　とば|かり|を　人づてならでいふ由もがな」と切れるとしたことを受けて、川本氏も構文に多少の無理を強いてでもそう詠むのが妥当であるとする。そして、次のようにも述べる。

菅谷氏のいう芭蕉の句、「田一枚植ゑて立去る柳かな」は、かなり微妙な例である。この場合にも、「たい｜ちま｜いー」で押しきるのが自然だろうか。おそらく芭蕉が意識して、「たー・｜いち｜まい」の型破りを選んだとみるべきだろう（二九一頁）

このケースでなぜ押し切ったり、多少の無理を強いたりしなくてはならないのだろうか。そして、「田一枚」を芭蕉が意図して型破りを選んだと評価してよいのだろうか。

その単位は外形的性質を具有するか

二音節をひとまとまりとする、韻律上の単位がひとまとまりをなすという何らかの外形的性質を具有していれば、人の意識は、そこから来るものとして容易に説明でき、人の意識が混乱する例に解釈を与える道も開けて来ることになる。二音節ひとまとまりの単位はそのような外形的性質を具有しているのであろうか。言語の単位としては、音声学・音韻論上、単音・音節・アクセント節があり、文法上、語・文節・文がある。韻律上意識される二音節または一音節が作る単位は外形的にどのような性質を具有しているのであろうか。川本氏は土居氏の「気力」説などを受けて、次のように言う。

例えば調子よく「さ'く｜ら'の｜は'な｜び'ら」という場合、それぞれの音歩の第一音に強勢が置かれ、いわばそのアクセントに引きずられる形で、二音ずつが一拍にまとまって行くのが観察される。逆にいえば、一音おきに置かれたそのような強勢があるからこそ、われわれはそれぞれの二音グループを一個のまとまり、つまり一拍として感じ取ることができるのであって、もしかりにそうした外的な目安がなかったとすれば、そもそも語形を無視してまで「さく」を「らの」から、「はな」を「びら」から区別するいわれは何もない。ここで強勢は、「それとわかるほどの等しい間隔を置いて」繰り返す「一定の「リズムの」目印」として、各音歩の境界を示す役割を果たしているのである。

いうまでもなく、この強勢は、日本語のいわゆる高低アクセントとは何のかかわりもなく、またそのように、つねにはっきりと表面にあらわれているわけでもない。とはいえそれは土居のいうように、「調子よく」、あるいは「手で拍子をとり、或は足ぶみをしながら」勢いよく朗誦することで、顕在化する。その場合、われわれがどの箇所で手をうち、足を踏み鳴らすかを観察してみれば、例えば「あ'る|と'こ|ろ'に|き'れ|い'な」のように、つねに二音グループの初頭音に強勢の置かれることが明らかになる。（前掲書二五二頁）

そして、氏は、この「一音おきに置かれたそのような強勢」を「韻律的強弱アクセント」と呼ぶ。この「強勢」や「アクセント」が日常語で言う強調といった意味ではなく、音声学的な術語であることは、「この強勢は、日本語のいわゆる高低アクセントとは何のかかわりもなく」と言う一方で、

「ただし実際の発音では、強弱アクセントがある程度まで高低アクセントに連動するという観察もある。」（三四九頁）と述べるところから明らかである。私は、このような、二音節が一つの単位として強弱アクセントを具有しているとする考え方は認められないと考える。初頭音に強勢が置かれるから二音ずつがひとまとまりにまとまって行くのではなく、二音ずつをひとまとまりに切って行くから初頭音に強勢が置かれることがあるのである。川本氏が「この強勢は（中略）つねにはっきりと表面にあらわれているわけでもない。」と付け加えなくてはならなかったことも、また菅谷規矩雄『詩的リズム』（一九七五・六）が「擬＝強弱アクセント」と呼ばなくてはならなかったことも、右のように考えてよく理解できよう。

二音節を単位の基本とする韻律意識と『万葉集』の字余り

二音節が作る韻律上の単位が、外形的性質を具有しておらず、人の意識によって存立するものとした時、その意識は、いつ、どのように生じることとなったのであろうか。

我々は、先ずこのような二音節を単位の基本とする韻律が日本語本来のものではなかったことを確認する必要がある。『万葉集』をはじめとする古代の和歌においては、句中に単独母音を含む場合には字余りが許されていた。例えば、片思ひを（可多於毛比遠） 馬にふつまに 負《おほ》せ持《も》て 越辺《こしべ》に遣《や》らば 人肩はむかも（『万葉集』一八・四〇八一）『日本語の歴史5上』73頁掲出。

のような場合に字余りが許されるのは、「多於」の母音連続が一音節としてとらえられていたからであることが分かって来た。即ち、「可多於毛比遠」は、字余りではあっても、音余りではなかった。このように解してよいならば、この句は、

か―たお―も―ひ―を

という五つの音節から構成されていることになり、二音節一単位の切り方、

かた―おも―ひを

とは相容れない。このような字余りが行われていた時代においては、日本語の韻律は二音節を基本とする単位で読まれるというようなものではなかったと考えるべきであろう。このような二音節一単位という韻律と相容れない字余りは『万葉集』中に数多く存する。若干例示する。

乎里―安加―之母（居り明かしも）（一八・四〇六八①）

奈呉―能―安麻―能（奈呉の海人の）（一七・三九五六①）

四具―礼能―雨（時雨の雨）（一〇・二一九六①）

吉美―伊麻―佐受―斯弖（君坐さずして）（五・八七八⑤）

都地―尓―意加―米―移母（地《つち》に置かめやも）（五・八一二⑤）

集』の字余り句「ありあけのそらの」を例にとって次のように言う。

多努一斯久一阿流一倍斯（楽しくあるべし）（五・八三二⑤）

阿良一波佐一受一阿利一吉（顕さずありき）（五・八五四⑤）

ただし、このような事実について、坂野信彦「王朝和歌の律読法」（『文学』一九八五・六）は、『詞花集』の字余り句「ありあけのそらの」を例にとって次のように言う。

たとえば「ありあけの空の」は、四拍という制約がなければ、

あり一あけ一の―一そら一の―

と読まれるところである。しかし定型は四拍だから、「ありあけの」を二拍で読まなければならない。その〝圧力〟が、単独母音と上接音節の尾母音とを接触せしめ、音節の融合を生じさせて一音ぶん縮約せしめる。かくて句は、

ありあ一けの一そら一の―

と、ひとつづきで律読されることになる。（六一頁）

韻律の単位を「四拍」にするために母音連続が縮約されたとする解釈は、

宇都一呂布一等伎一安里（移ろふ時あり）（二〇・四四八四②）

のように韻律の単位が「四拍」の場合にも縮約が起きていることから見て明らかに誤りである。仮にこのような解釈を認めたとしても、「ありあ一けの一そら一の―」のような切り方が、いつ、なぜ行われなくなるのかを説明する必要があるが、それは試みられていない。『万葉集』に見られる

ような字余りと二音節を単位の基本とする韻律とは相容れない。

意識の来由

それでは、二音節を単位の基本とする韻律は、いつ、なぜ生じることとなったのであろうか。そのことを考えるためには次のような例の字余り感の違いを考えてみるのがよいと思われる。

朝顔が　エレベーターから　降りて来る
夏の駅　エスカレーターの　遅さかな

先に見た「古池や」の句の例と似て、この場合も第二句がともに字余りであるにもかかわらず、前者には字余り感がなく、後者には字余り感がある。その違いは、韻律の単位がそれぞれ、

エレ―ベー―ター―から
エス―カ―レー―ター―の

のようになり、長音の位置が違うことから来ている。一般に長音は韻律単位の頭に立つことができないために「エス―カレ―ータ―ーの」と切ることができず、韻律単位が五となり、字余り感が生じるものと考えられる。二音節の韻律単位において一般に頭に立つことができない音としては長音のほかに撥音と促音とがある。これらの特殊音素からなる音節を特殊音節と呼ぶと、それは、他の

音節に比べて存在として弱く、音節としての独立度が低い面を持っている。

韻律において二音節が単位の基本となるのは、音便によって生じた特殊音節に起因するものと考えられる。「聞イテ」や「トビコンダ」などの長音や撥音などは、京都方言や東京方言でも存在として弱い面があり、前の音に依存する傾向があって、「キイ」「コン」が一単位と意識されやすかったものと見られる。同じ特殊音節といっても、その間に独立度の違いがあり、促音が最も独立度が低い。独立度の低さでは、音便によって生じた「書イテ」などの「イ」も独立度が低かった。

音便によって生じたこのような二音節のまとまりは当然漢語や外来語の特殊音節の場合にも広がって行った。「カイ―ゲン」(改元)「シュウ―タン」(愁嘆)「カッ―セン」(合戦)などは四音節であるとともに二単位とも意識された。そして、ここから更には、例えば、「カイ―モク」(皆目)「シュウ―チャク」(祝着)「セン―ヤク」(先約)「ケッ―パク」(潔白)なども四音節であるとともに二単位とも意識されるようになったのであろう。そして、和語の場合にも、「トビコンダ」「ミジカイ」などの「コン」「カイ」が一単位と意識されると、「トビ」「ミジ」もひとまとまりと意識されるようになって行った。よく言われて来たように和語の名詞には一音節・二音節・三音節の語が多いから、右のようにして生じた二音節ひとまとまりの意識が、「ヤマ」(山)「カワ」(川)「ヤマ―カワ」(山川)「メガ」(目)「テガ」(手)「サク―ラガ」(桜)「ハザ―クラ」(葉桜)「カワ―ズ」(蛙)などのように広がって行ったのであろう。「聞|イテ」「トビコン|ダ」のような場合の二音節ひとまとまりの意識は日

常言語のレベルで生じていたものであろうが、拡大していった「サク―ラガ」「ハザ―クラ」「カワ―ズ」のような場合の二音節のまとまりは韻文を読む場合に限られるものであろう。

以上要するに、二音節がひとまとまりとしての外形的性質を具有していたのは特殊音節を含む場合だけであったのであるが、それが一般の音にも広がって行き、二音節を単位の基本とする韻律が生まれて行ったものと考えられる。従来の考察は、二音節の単位すべてについてこれをひとまとまりとしてまとめている外形的性質を見つけ出そうとして、強弱アクセントというような無理な説明に陥っていたのであり、その韻律意識を日本語韻文四拍子説にまで展開させて、それが日本語が本来持っていた韻律のように考えてしまったのである。

先に触れたように、句頭に一音節語が立つ場合に韻律意識が混乱することがあるのは、韻律意識が右述のようにして生まれて来たものであるために、二音節がひとまとまりでなくてはならないという必然性がない場合があり、次第に確立して行った二音節を単位の基本とする韻律意識と意味のまとまりとが齟齬する場合に、混乱が生じるものと説明できる。一般には、確立した韻律意識に従って、句頭には二音節単位を立てるけれども、意味や語形の上から二音節をひとまとまりとしにくい場合に、「たい―ちま―い」(田一枚)という切り方と、「た―いち―まい」という切り方とで迷うことになるのであろう。

二音節を単位の基本とする韻律意識が日本語本来のものであったとする考え方は、日本語韻文四拍子説によって強力に支えられることになったと見られる。しかし、私たちは日本語韻文四拍子説から早く解放される必要がある。その理由は右に論じて来た通りであり、既に批判もされているところである。休止符を用いて韻文の韻律を説明しようとすることの不具合は、五音句の後に休止符を置いたり、五七調の説明のために五音句と七音句との間の長い休止符が邪魔になるので、その休止符を句頭に置いてみたりと苦しい説明に追われている。七五調の場合も、

みづ―しづ―かー―なる―えど―がは―のー―ーー

なが―れの―きし―にー―うま―れー―いで―ーー

のように、七音句と五音句との間に休止がなかったり、あったりと不安定であるために、七と五の一二音全体で一行と認めるべきであると説明せざるを得なくなっている。休止符を設けたために、休止符のないところに休止を認めることができなくなってしまっているのである。これらすべての問題点は休止符をやめることによって解決する。五七五、五七五七七の韻文は、本来五・七・五、五・七・五・七・七と切れているのであって、休止符があって切れているのではない。

なお、二音節を単位の基本とする韻律意識が確立した時期については、音便が定着してから以後のことであるということしか今のところ明らかでない。また、特殊音素の独立度の異なる方言間に韻律意識の違いがある可能性があるが、そのことに立ち入ることができなかった。

現代日本語の音節

第九・一〇節と見て来ると、日本語の音節がいろいろな変化を経て、複雑な姿を呈していることが分かる。服部四郎氏は音節を次のように定義している。

音声学的には、「それ自身の中に何らの切れ目が感じられず、その前後に切れ目の感じられる単音または単音連続」(例えば、日本語の〔atama〕(頭)は〔a〕〔ta〕〔ma〕という三つの音節から成る。)と定義されるが、「感じられる」とは主観的には言えるが客観的には必ずしもそれに対応する事実を確認できない場合があるので、各言語において音韻論的音節を定義し、音声学的音節がそれと食い違う場合を記述する方が、各言語の記述としては経済的となる。すなわち、「音節」を一般音声学的に定義しようとすると、右述のように困難が生ずる。(『国語学大辞典』)

「感じられず」「感じられる」は人の意識であって、人がそこに切れ目を感じ、ある単位をひとまとまりと意識しているということであるから、その単位こそ音韻論的音節である。これに対して、音声学的音節は、生理的・物理的に観察して、どこに切れ目が認定できるかによって判断されることになる。そういう観点からの音節の観察もさまざまに試みられており、聞こえや外破音・内破音、漸強音・漸弱音などという概念を用意して切れ目の認定を試みて来たけれども、成功していない。そこで、右の服部氏の定義に見るように「各言語において」以下のようなことになる。音韻論的音節と音声学的音節が食い違う例としてよく引かれるのは無声化を経て母音が発音されない場合である。「ハシ」(箸)が〔haʃ〕と実現している場合には、音韻論的音節としては二音節であるけれども、音声学的音節としては一音節とされる。しかし、このように食い違うケースは稀であるし、音素と単音の場合と同じで、食い違いを取り上げることそのことに意味があるのではなく、食い違いは言語事象の説明に役立つ場合にのみ意味を持つ。ある意味を担う語は、音韻論的音節によって構成されるのであるから、最終的には音韻論的音節こそが重要な概念であるというべきであろう。音節を右のように考えて、以下、本書で見て来た日本語の音韻論的音節(以下「音節」と略称する)の変遷を踏まえて、日本語の音節を捉えておく。

日本語の音節は本来CV(またはV)の形をしており、例えば「a・ta・ma」(頭)のように、その音節がV・CV・CVと連続する単純なものであった。音節Vは語頭にしか立たなかった。ところが、単語の数を増やす必要があって、複合語を生み出して行くと、複合の継ぎ目に母音連続を生じることが多くなって行った。

アライソ（荒磯）ワカアユ（若鮎）カハウチ（河内）ズアリ（打消の助動詞）・ニアリ（断定の助動詞）クレノアイ（呉藍）…

ここに、CV・CVという日本語本来の連続とは異なるCV・Vという連続が生じることとなった。ここに生じた母音連続は、〈二音節名詞＋二音節名詞〉のように結合度の高い場合をはじめとして『万葉集』において字余りになっており、CVVが一音扱いになっている。この一音扱いが唱詠上一音であった可能性も考えられて来たけれども、〈カハウチ→カハチ〉〈ズアリ→ザリ〉・〈ニアリ→ナリ〉〈クレノアヰ→クレナヰ〉のように母音を一つ脱落させることが起きている。そして、その脱落形は現代日常語において行われているものもあるから、唱詠上起きていたものとは考えられない。このように考えると、母音連続を一音節に扱っているうちに、脱落が生じることとなったものと考えるのが自然であろう。しかし、例えば「ミヅウミ」は三音節と意識するとともに、ゆっくり切って発音すれば「ミ・ヅ・ウ・ミ」と四音節に発音することもできたものと見られる。上代のCVVは一つの音節とも二つの音節とも意識されるものであった。

しかし、CVVを経て母音一つを脱落させた〈アライソ→アリソ〉のような形は、音節の粒は揃ったけれども語形が損傷しており、具合の悪い形であった。ここに、狭義のイ音便が生じ、語中の母音が一音節として独立すると、例えば「アライソ」などの語中の「イ」も一音節として独立し、四音節の語となって、音節の粒も揃い、脱落も生じなくなった。

ところが、これにならって狭義の撥音便・促音便から撥音・促音が生じると、日本語の音節は複雑なものとなった。撥音・促音も語幹を保持するために一音節として独立したが、撥音・促音、特に促音は独立性を維持しにくかった。そのため、日本語の方言は、特殊音節の独立度の異なる大きくは三つの方言に分岐した。独立度の高い順に、京都式アクセント方言・東京式アクセント方言・鹿児島式アクセント方言である。

京都式アクセント方言では、CV・V・N(撥音)・R(長音)・Q(促音)は基本的には一音節である。これに対して鹿児島式アクセント方言では、基本的にはCV・V・CVV・CVN・CVR・CVQが一音節である。東京式アクセント方言は右の二つの方言の中間的位置にある。

右には大まかに三方言を捉えたけれども、実際はそれほど単純ではない。京都式アクセント方言は特殊音節の独立度の高い方言であるが、促音の独立度はやはり低い。その一例は10頁に記した。また、二音節を単位とする韻律は京都式アクセント方言を身につけている私も持っているから、特殊音節の一音節としての独立度は一般の音節に比べると低いものと考えられる。

一方、日本語の音節が本来CV構造であったから、鹿児島方言ではCVV・CVN・CVR・CVQが一音節であるとは言うものの、複雑である。例えば、CVV・CVRが一音節であるから、そのアクセントは次のような姿を示す。

アカイ（赤）●○○　アカグロイ（赤黒）○○●○○　カゴシマホーゲン（鹿児島方言）○○○○●●○○
アオイ（青）○●●　アオジロイ（青白）○○○●●　トーキョーホーゲン（東京方言）○○○○○○●●
ところが、次のようなアクセントを示す場合もあることが指摘されている。
カワムラサー（川村様）○○○○●○　アガッセー（上がって）○○○●○
ナカムラサー（中村様）○○○○○●　ニゲッセー（逃げて）○○○○●
現代日本語の音節を捉える時にはこの三つの方言を分けて捉えなくてはならないにもかかわらず、そのことが明確に意識されていない。現代日本語の音節として共通語である東京方言の音節を捉え、説明しているにしても、それが京都アクセントと鹿児島アクセントとの中間に位置する方言であることの認識を持つと、音節の把捉のし方も変わって来るはずである。東京方言において「カイテ」（書）「ナイテ」（鳴）の「カイ」「ナイ」が一音節であるというのは、音声学的音節としても音韻論的音節としても無理であろう。「ナイ」（鳴）が一音節と意識されるのは韻律意識から来ている。
ナイ・テ・チヲ・ハク　ホト・トギ・ス（鳴いて血を吐く杜鵑）
「ナイ」が一音節としか捉えられないとすれば、「フル・イケ・ヤ」の「フル」「イケ」も一音節と捉えられることになりかねない。東京方言においても基本的には特殊音素V・N・R・Qも一音節でありながら、単独でそれだけでアクセントの山を担うことができず、独立性に弱い面を持っていて、CVV・CVN・CVR・CVQを一音節とも意識することになっているのであろう。特に二音節を単位とする韻律意識が生まれると、東京式アクセント方言ではCVV・CVN・CVR・CVQを一音節とする意識が強くなって来ている面もある。「里親」が長音ではなく、「砂糖屋」が長音であるように意識されるのは韻律意識から来ているところが大きい。

サト・オヤ（里親）

サ・トー・ヤ（砂糖屋）

ただ、「五億」と「業苦」の場合は両者に違いが意識されない。

ゴオ・ク（五億）

ゴー・ク（業苦）

東京方言の音節が、歴史的・方処的に右のような位置にあるために、有坂秀世氏や亀井孝氏のようにCV・V・N・R・Qを音節と認める立場と、服部四郎氏のようにCV・V・CVV・CVN・CVR・CVQを音節と認める立場とが生じることとなったのである。実際は、その両面を具有すると捉えるべきなのである。このため、韻律も、「古池や」を「フ・ル・イ・ケ・ヤ」と五つに数えるとともに「フル・イケ・ヤ」と三つに数えるという二重構造になっている。東京方言の音節は不安定な状態にある。一方に、平安時代に確立した五十音体系によって音節のCV構造が強固に支えられているけれども、今後ここに何らかの大きな変容を見る可能性がある。

母音の無声化

京都式アクセントが示差的機能を果たす傾向があるのに対して、東京式アクセントと鹿児島式アクセントは統成的機能を果たす傾向がある。京都式アクセント方言が一つ一つの音節を丁寧に発音する傾向を示すのに対して、東京式アクセント方言と鹿児島式アクセント方言とが一音節一音節よりは一つの語をひとまとまりとして発音する傾向を示すのはそこから来ているのであろう。また、どの方言も二音節を単位とする韻律に従うけれども、CVV・CVN・CVR・CVQを一音節とする傾向の強い東京式アクセント方言と鹿児島式アクセント方言は、二音節を単位とする韻律の傾向がより強いものと見られる。そのため、例えば「クサ」(草)「キク」(菊)などという語はひとまとまりに意識され、また発音される。関東と関西との間における母音の無声化の多い少ないという違いは言われているほど顕著なものではないとする見解もあるが、京都式アクセント方言において母音の無声化が少ないとすれば、それは右のような事情から来るのであろう。

一一　音便の進行とその問題点

先発の音便とその成立の先後

第五節では音便についてそれがなぜ生起し一般化し定着したのかに焦点を絞って私の説明を試みた。そして、第九・一〇節では、音便が、非等時音節構造へと傾斜して行く日本語の音節構造を等時のCV構造に引き戻すことに役立ったけれども、やがて諸方言アクセントの分岐と韻律意識の二重構造を惹き起こすことになったことを論じた。ここでは、音便が具体的にどのように展開し、変容して、他にどのような音韻変化を惹起したかについて展望するとともに、解明すべき問題を明らかにして、後の節における考察に備えたい。

活用語の活用語尾に規則的に生起・進行した狭義の音便は、奈良時代に認められる広義の音便が起きる条件と、平安時代初期に認められる狭義の音便の例とから見て、

ガ・カ行イ音便、ラ・タ行促音便、マ・ナ行撥音便

が早く生起したと見られる。奈良時代の資料に認められる「〜テ」形は、本書5上124頁に引いたように夕行動詞の「(何物)モテ(か)」だけで、促音形を経由したにしても、それが脱落した「mote」であった可能性が高い。その意味・用法を見ても、ヲ格をとって手段を表しており、助詞的用法で用いられていて、広義の音便の段階にあった。しかし、この例と、平安初期の狭義の音便の例「ア

ヤマテ」(謬)「ヲハテ」(已)などを見ると、実際の日常言語では奈良時代に狭義の促音便が生起していたのではないかと見られる。

撥音便の場合も、奈良時代に後続音がtである〈スミテニ(澄)→スデニ(既)〉〈カミツラ(髪蔓)→カヅラ(鬘)〉〈ユミツカ(弓束)→ユヅカ〉の例があり、平安初期に「アフツクムて」(跨)などが見えるところからすると、〈動詞連用形+テ・タリ〉形にも音便が生まれていた可能性が高い。

イ音便の場合も、奈良時代の資料に認められる例は「掻イ貫キ」「櫂」で、「〜テ」形そのものは見えないけれども、その起きる条件から見て、「〜テ」形の音便が起きていても不自然ではない。

広義の音便は、見つかっている例数の多寡から見ると、撥音便が早く進行し、次いで促音便・イ音便が進行したのではないかと見られるが、狭義の音便はイ音便が早く成立・進行した。その活用語尾「イ」は、語幹保持のためと、併用された原形に支えられたのとで、一音節として独立性をもつことができたからである。イ音便の活用語尾の「イ」が独立性をもつと、狭義の撥音便・促音便の場合も、撥音・促音を生み出し、それらが一音節として独立性をもつこととなった。広義の音便では、撥音・促音は成立せず、脱落まで進んでいた。撥音便の場合には直前の母音の鼻音としてその跡をとどめていた。

〈マ行撥音便〉kami甲 sasi(髪挿)→kãzasi、kami甲 tura(髪蔓)→kãdura(蔓)

〈ナ行撥音便〉naniso乙(何)→nãzo乙

〈促音便〉wataritu（渡津）→ watatu、mo乙 tite（以）→ mo乙 te

ところが、狭義の音便が撥音便・促音便にも拡がって行くと、撥音・促音が生み出され、イ音便の場合にならって、それらが一つの音節として独立性をもつこととなった。

〈m撥音便〉詠《ヨ》mダル　摘《ツ》mダル

〈n撥音便〉死nジ子

〈促音便〉已《ヲハ》tテ

そうすると、広義の音便の例も、新たに撥音・促音が存立することとなった。

〈m撥音便〉kamzasi（髪挿）

〈n撥音便〉nanzo（何）

〈促音便〉motte（以）

kamzasi が崩れて kãzasi が生まれたのではなく、kãzasi の方が先に生まれていた形である。

狭義の音便が、撥音便と促音便、特に促音便に拡大・進行して行ったことが、日本語に大きな変化をもたらすこととなった。イ音便によって折角音節の粒を揃えることに成功したにもかかわらず、独立性の弱い促音が一音節を担わなくてはならなくなり、方言の中に再び非等時音節構造方言が生まれることとなってしまった。その結果、全国諸方言アクセントの分岐が生じて、日本語のアクセントは混乱しており、その解決を見出すことができないまま今日に至っている。そして、もう一つには、独立性が弱い促音の成立は二音節を単位とする韻律意識を生み出すこととなった。

イ音便の定着と拗音の変質がもたらしたもの

第七節において、我々はイ音便が定着することによって拗音が成立したことを見た。母音連続CVV、例えばkia(ku)(客)・ria(ku)(歴)の形で受け入れていた漢字音は、CV、例えばkja(ku)・rja(ku)に変質した。こうしてCVの拗音が生まれると、直音との間に緊張関係が生じることとなった。

ka(カ)　ki(キ)　ku(ク)　ke(ケ)　ko(コ)

kja(キャ)　kju(キュ)　kjo(キョ)

拗音に牽かれて、イ段音・エ段音が口蓋化し、例えばkji・kjeが生じ、沖縄方言では「チ」「チェ」まで進んだ。イ段音とエ段音の口蓋化は更にジ・ヂとズ・ヅの四つ仮名の混同を引き起こした。

後発音便の生起と各音便の変容

ガ・カ行、ラ・タ行、マ・ナ行の六行の動詞に狭義の音便が進行すると、他の行の動詞にも音便が拡がることとなった。その早い例は平安時代に入って次のように現れることが知られている。以下音便の例は多く築島裕『平安時代語新論』による。

ハ行促音便　平安初期　830西大寺本『金光明最勝王経』　救スクテ
バ行撥音便　平安中期　948『漢書楊雄伝』　歴エラムテ
サ行イ音便　平安中期　900『守護国界主陀羅尼経』　下クダイて　臥(フ)イ(て)

言語変化は、どこかに変化が起きると、関連する部分に影響が及び、体系を整える方向に進行する。残りのザ・ダ・ヤ・ワ行の音便が存しないのはその行に活用する四段動詞が存しないからである。

右述のように一旦音便を起こした動詞も、体系上密接な関係にある部分から受ける力によって、その音便形を維持することができず、他の方式の音便に転じざるを得ない場合が生じた。ハ行動詞は、音便の方式を転じ、ウ音便に転じた。

ハ行ウ音便　平安後期　1000『大日経』　応カナウテ

そして、江戸時代になると、方言によっては例えば江戸・東京方言のようにハ行動詞の音便をウ音便から促音便に回帰させている(『日本語の歴史1』第二節)。

また、マ行動詞も撥音便からウ音便に転じ、更に撥音便に回帰した。

マ行ウ音便　平安後期　1002『法華義疏』　恃タノウテ　摘ツウテ
マ行撥音便　江戸時代　タノnデ　ツnデ

遅れて生起したバ行撥音便も右のマ行動詞と同じ変化をたどっている。

そして、室町時代まで盛んに行われていた、次のようなサ行イ音便は江戸時代に入って一部の方言を除いて原形に回帰した。『日本語の歴史3』57頁で扱った。

○なふ腹立《はらた》ちや。我殿《わどの》はおれをだまひて、親里へゆけと云程に、まことかと思ふたれば、あとからいとまをもたせておこす（虎明本狂言「ひっくくり」）

（現代語訳）ああ腹が立つことだ。あなたは、私をだまして、親里へ行けと言うから、本心で言っているのかと思ったところ、後から離縁状を持たせてよこした。

マ・ナ行撥音便の変容

撥音便が広義の音便の段階にあった時には、撥音はいまだ成立せず、直前の母音の鼻音として残るにとどまった。従って、m撥音便とn撥音便とは区別がなかった。

kãdura（鬘、←kami甲 tura）

nãzo乙（何、←naniso乙）

しかし、狭義の撥音便が生まれ、進行すると、撥音が生まれることとなった。この時、撥音にm撥音とn撥音とが生まれ、区別されていたことはよく知られている。承平四・五年（九三四・九三五）に書かれた『土左日記』（青谿書屋本による）では、m撥音便は「ん」表記、n撥音便は無表記で書き分けられている。

撥音ｍとｎとの区別については研究が盛んで、両音がいつ頃まで区別されていたのかを中心に、漢字音の用例が報告されて来た。しかし、外国語音は基本的には母語の音韻体系の枠内で受け入れられるものであるから、和語に起きた音韻変化を確実におさえた上で漢字音の問題に向かうべきであろう。そもそも撥音になぜｍとｎとの二種の音が生じたのか、そして、そのｍ撥音便はなぜウ音便に転じたのか、そして更に、それがなぜ再び転じてｍとｎの区別のない撥音便に転じたのか、それらのことについて考えることなく、撥音ｍとｎの問題を説明することはできないはずである。

バ行撥音便

奈良時代に認められる広義のマ・ナ行撥音便の例の中には後続音がハ行音である例が存した。

〈ｍ撥音便〉〈ɸumi甲 ɸodasi（踏絆）→ ɸũbodasi → ɸũmodasi〉〈nusumi甲 ɸi甲 to乙（盗人）→ nusũbi甲 to乙〉

〈ｎ撥音便〉〈niɸuniɸuni → niɸũbuni〉

鼻母音に後続するバ行音は全体としてマ行音に近づく。そのため〈フボダシ→フモダシ〉に見るように奈良時代にはバ行音とマ行音とが行き来することが少なくなかった。しかし、マ・ナ行動詞に狭義の撥音便が起きても、バ行動詞の撥音便は遅れた。〈mi → m〉〈ni → n〉に比べて、〈～b → m〉

は音としての距離があったためである。はじめは〈エラビテ→エラミテ〉のように転じたマ行形に撥音便が生じ、やがて「ヨブ」（命）などのバ行形にも拡がったのであろう。

形容詞イ音便・ウ音便

動詞に遅れて、形容詞にも音便が生起した。

連体形イ音便　平安初期　850『大唐三蔵玄奘法師表啓』　銛トイこと　敏トイことを

連体形ウ音便　平安中期　900『周易抄』　微久は之宇須

形容詞連体形のイ音便は動詞のカ行イ音便に牽かれて起きたのであろう。そして、イ音便が起きるとウ音便に拡がったものと見られる。形容詞連用形のウ音便については『日本語の歴史1』第四節で扱った。ウ音便とイ音便によって二音節の長音が生じた。

形容動詞・カリ活用形容詞・助動詞「タリ」「ナリ」の連体形

形容詞連体形のイ音便に並行する変化が、形容動詞・カリ活用形容詞・助動詞「タリ」「ナリ」の連体形に起きている。形容動詞とカリ活用形容詞の連体形の例は山田忠雄氏が『今昔物語集』に見える例を指摘した。カリ活用形容詞の例は『日本語の歴史3』の「はじめに」で触れた。

○廊《ラウ》ノ有ル遣戸《ヤリド》ヲ引開《ヒキアケ》タレバ、大キナム人ノ黒ミ脹《フクレ》臰《クサレ》タル臥セリ、（『今昔物語集』巻二四㊄）

（現代語訳）廊の所にある遣り戸を引き開けたところ、大きな人で、黒ずみ脹《ふく》れあがり腐ったのが横たわっていた。

○下仕《シモヅカヘ》・半物《ハシタモノ》心ニ任セテ形《カタ》チ・有様ヲ撰勝《エリスグリ》ケレバ、敢テ片《カタハ》ナム者無カリケリ。（同、巻三一㊄）

（現代語訳）召使いらは思うがままに容姿容貌を選りすぐったので、不完全な者は全くいなかった。

これらは、早く奈良時代に見えた、〈ユクサクルサ（行来）→ユクサクサ〉〈イユルシシ（射鹿）→イユシシ〉〈スルベ（為方）→スベ（術）〉などに共通する変化で、その原因は音便のそれと同じで、音便の一種と認めることもできる。しかし、生じた撥音がやがて脱落したために狭義の撥音便とは認めないのが普通である。撥音が脱落した形で定着したのは、これらの語の場合、連用形に「〜ナリ」形とともに、「ラ」「リ」「ル」「レ」などのない形「〜ニ」が行われていたからと考えられる。

大《オホキ》ニ　大ナ
片《カタハ》ニ　片ナ
直ニ　直ナ

また、動詞の連体形はすべてu段音になっていたけれども、形容詞の連体形はi段音で、u段音でなかったから、形容動詞の連体形もu段音「ナル」に強く拘束されることなくa段音になることができたのであろう。助動詞「タリ」「ナリ」は形容動詞に準じる。

〈キ・ギ→イ〉にはずれる音便――「行ッテ」「歩ッテ」

「行《イ》ク」という動詞はカ行動詞であるからイ音便を起こして「イイテ」となるところであるが、現代共通語では促音便形「行《イ》ッテ」が行われている。語幹が母音だけの「イ」である場合、イ音便形であると、語幹「イ」を保持することがむずかしかったらしい。同じ条件にある四段動詞「生ク」は、そのため原形でとどまり、活用を上二段に変えている。「行って」は、キリシタン口語資料では「イッテ」(itte・ytte)とともに「イテ」(yte)の形でも現れる。「イテ」が抄物でもまた現代方言でも用いられていることについては『日本語の歴史3』164頁で触れたところである。キリシタン口語三部作では、「イテ」よりも「イッテ」の方が優勢であり、「イタ」は見えず「イッタ」(ytta)が用いられている。それよりも古い時代の言語を反映する『虎明本狂言』では「いて」「いた」(「いた」「いたらば」「いたり」「(こそ)いたれ」「いたれば」)が専用されている。ラ・タ行動詞の場合には「うつて」(売)「とつたれば」(取)「うつた」(打)「かつたらば」(勝)などのように促音を「つ」で表記しているから、「いて」「いた」などは促音の無表記例ではない。抄物でも、詳しく調査する必要があるが、概して「イテ」が優勢で、「イタ」とその活用形の場合も「イタ」の方が優勢のようである。これを見ると、早く見える「イテ」「イタ」の方が古く、その形から「イッテ」「イッタ」が生まれた可能性が高い。そうであれば、「イテ」「イタ」は「イイテ」「イイタ」の短呼形と見られる。「行《イ》ク」には奈良時代から「行《ユ》ク」形もあり、こちらは「ユイテ」の形で行われたから、並行するこの形に制約されて「生キテ」のように原形「行《イ》キテ」でとどめておくことができなかった。そのため不安定な形ではあるけれども「イイテ」が生まれ、それが「イテ」に崩れたものと見られる。そして、下一段活用動詞「蹴《ケ》ル」が「踏んだり蹴《け》たり」の表現を契機に促音便形「踏んだり蹴ったり」を生じて、ラ行四段活用に転じたと見られるように、「イタリモドッタリ」「イテモモドッテモ」「イツモドッツ」(行・戻)などを契機に「イタ」「イテ」「イツ」から「イッタ」「イッテ」「イッツ」を生み出したのであろう。対になる動詞の音便に牽かれたのではないかと見られる例にはほかに「歩ッテ」がある。これは「歩いたり走ったり」を契機に生まれた形なのであろう。

「行ッテ」とよく似た変化を経た例に、築島裕氏が明らかにした、〈ヒキサグ(引下・携)*→ヒイサグ→ヒサグ→ヒッサグ〉がある。「ヒイテ」(引)「キイテ」(聞)「シイテ」(敷)がこの形で存立しているところを見ると、「ヒキサグ」の場合は、「ヒイ」が接頭語となり、「サグ」との結合度が高かったために「ヒサグ」になりやすかったのであろう。この例の場合、促音便形になったのは、カ行音ではじまる動詞が後続する場合に生まれていた接頭語「ヒッカヘス」(引返)「ヒッカク」(引掛)などに牽かれたものと見られる。

複合動詞の前部要素に現れる音便と強調表現

促音便形・撥音便形は、原形と併用されている間は原形に対して強調形と意識されていたと見られる。時代が降っても、漢文を訓読する場合には促音便形が強い文体と意識されていたことが知られている。村上雅孝氏は貝原益軒『点例』に見える次の記述に注目した。

剛柔ノテニハノ例　本立《タツテ》《タチテ》　過《ツテ》《アヤマチテ》　思《ツテ》《ヒテ》　事《ツテ》《ツリテ》レ君《ニ》《ジウ》　子行《サンヌ》《サリヌ》　為レ人《ノ》　謀《ツテ》《ハカリテ》　与二朋友一交《ツテ》《リテ》　、右ノテニハノ如クヨムベシ。是剛ノテニハ也。左は柔ノテニハナリ。左ハ和文歌書ノヨミヤウナリ。経伝ニハ、ヤハラカスギテ宜カラズ。

複合動詞の前部要素に現れる音便形はいくらか規則的に現れるが、強調の働きが顕著で、強調の接頭語となっている場合も少なくない。

ヒッパル（引張）ヒッタツ（引立）ヒッサク（引裂）…

ヒンバウ（引奪）ヒンダス（引出）ヒンヌク（引抜）…

しかし、強調の働きを主眼とするから、すべての四段動詞に生起しているわけではなく、広義の音便と認めるべきものにとどまっている。

ここから「ヤッパリ」や「マンマル」のような促音・撥音を挿入する強調表現が生まれた。

音便の進行

「行ッテ」「歩ッテ」は、類推によって生じた形と見られ、音韻変化によって生じた音便ではない。従って、これを除いて、狭義の音便に限ると、私が中学生の時に暗唱した音便に見えないものは、サ行イ音便とマ・バ行ウ音便ということになる。これらの音便は一部の方言を除いて多くの現代方言で消滅しているために挙げられなかったのであった。私は大学生になり国語学を学ぶようになってからは暗唱の句を〈キギシイ〉に改めた。それならば、〈ヒクミビウ〉とでも改変すべきであったが、なぜかこちらの方はそのままとしていた。

「ヒクウ、ヒチリツ、ニビミン、キギイ」は、現代共通語において帰結するところとなっている音便を、形の変化だけに注目して、いわば平面的に捉えているのであって、これに時間軸を持ち込むと本書5上133頁以下の表のようになり、更に、最も重要な音便生起・変容の原因を考えて大まかに展望すると、右述のように捉えることができる。音便は、今後細部において広義のそれが生じることがあるかも知れないけれども、ほぼ進行すべきところまで進行し終わっているものと見られる。

二　広義の撥音便と狭義の撥音便——鼻母音と撥音

濁音の前の鼻母音

古代・中世の日本語の濁音が前接の鼻母音を伴っていたことは早くから注目されて来た。J・ロドリゲスの『日本大文典』(一六〇四〜〇八年刊)は次のように記している。

◯又、後に発音法の章で述べるやうに、ある語は一種半分の鼻音或いはソンソネーテをとるのであるが、それをN又は明白な鼻音に変へてはならない。例へば、Tǒga(科)、Varerǎga(われらが)、Nàgasaqui(長崎)の代りにTonga(とんが)、Vareranga(われらんが)、Nangasaqui(なんがさき)といふなど。(土井忠生氏訳本、六二〇頁)

◯D、Dz、Gの前のあらゆる母音は、常に半分の鼻音かソンソネーテかを伴ってゐるやうに発音される。即ち、鼻の中で作られて幾分か鼻音の性質を持ってゐる発音なのである。例へば、Mãda(未だ)、Mĩdǒ(御堂)、mádoi(惑ひ)、nãdame(宥め)、nãdete(撫でて)、nído(二度)、mãdzu(先づ)、ãgiuai(味はひ)、águrǔ(上ぐる)、ágaku(足掻く)、cága(加賀)、fanafáda(甚だ)、fágama(羽釜)、など。

◯この法則は、ある場合にBの前の母音Aを支配することがある。それはMairi sorofaba(参りそろはば)のやうに、主としてFが重複して、そのFがBに変る場合であるが、一般的なものではない。(同、六三七頁)

また、中国資料や朝鮮資料でも濁音の前の鼻音が記録されていることはよく知られている。
○硯曰松蘇利必（『鶴林玉露』一二四八年成）「松」はng韻尾字
○ゑひもせす（酔ひも為ず）（『伊路波』一四九二年刊）各仮名にハングル音注があり、「せ」に当てられたハングル音注はsyən
東北方言や高知方言などが鼻母音をとどめていることもよく知られている。現代共通語でも「トビ」（鳶）に対する「トンビ」、「クマバチ」（熊蜂）に対する「クマンバチ」などに名残りを見る。

鼻母音がいつから存したのかについて、橋本進吉「国語に於ける鼻母音」（『国語音韻の研究』）は、次の広義の撥音便の例に着目して、「鼻母音の存在は或は存外古いものかも知れない」とした。

ユミケ（弓削）がユゲとなり、ユミツカ（弓束）がユヅカとなり、ユミツル（弓弦）がユヅルとなり、カミサシ（挿頭）がカザシとなり、シモツエ（下つ枝）がシヅエとなつたやうな例（下略）（五頁）

濁音の前の鼻音は、固有のものであるのか、新しく生まれたものであるのか

しかし、氏は広義の撥音便によって生じた例以外の濁音の前の鼻音については論じていない。先の引用中でロドリゲスが挙げる例はいずれも広義の撥音便によって生じた例ではない。

濁音の前の母音にもともと鼻音が存したところに新たに広義の撥音便によって生じた鼻音が加わ

ったという可能性も考えられなくはない。しかし、そう考えた時には日本語の濁音がなぜ前接の鼻音を固有に伴っていたのかを説明しなくてはならない。清濁の別をいやが上にも明確に言い分けようとしたためとする説もあるが、清濁は無声対有声で十分対立的である。また、そのような理由で鼻音が意図的に加えられていたとすれば、それが江戸時代以降衰退する理由が説明しにくい。

そこで考えられるのは、広義の撥音便によって濁音の前に生じた鼻音が、その他の濁音に拡がって行ったのではないかということである。そう考えた時、問題は、広義の撥音便によってどのくらいの量の濁音の前の鼻音が生じていたのか、そして、その量はその他の濁音に影響を及ぼすほど十分に大きなものであったのかということになる。広義の撥音便によって鼻音が生じた上代の例は『日本語の歴史5上』126頁以下に挙げた。それに、仮名書き例は認められないけれども上代に存した可能性のある例と、平安時代初期の例とを加えても、濁音の前に立つ鼻音の例は五〇語に届かない。

別に、重音脱落によって鼻音とそれに続く濁音が生じることがあったが、その例は少ない。

タマフ(賜)↓タブ、タマハル(賜)↓タバル

オノレ(己)↓オレ、ヤナギ(柳)↓ヤギ

それだけの例の濁音の前の鼻音がその他の濁音の前の母音を鼻音化したと考えるのは、両者の語数の恐らく圧倒的な開きから考えて、無理のように思われる。

しかし、例えば「ヌスビト」（盗人）は「ヌス」と「ヒト」との複合語の接合部に現れる濁音が鼻音を伴っていると意識されたはずで、そうすると、次のような複合語の接合部に現れる、連濁による濁音も鼻音を伴うようになったのではないか。

アキビト（商人）イニシヘビト（古人）ウタビト（歌人）カリビト（狩人）コマビト（肥人）サトビト（里人）ソマビト（杣人）タダビト（只人）フナビト（船人）ミチユキビト（道行人）ヤマビト（山人）ヲチカタビト（遠方人）

同様に、次の上段の複合語に現れる濁音とその前の鼻音に牽かれて、下段の複合語の濁音にも鼻音が生じたものと見られる。

アビキ（←アミヒキ、網引）　ココロビキ（心引）マヨビキ（眉引）ミチビキ（導）モビキ（裳引）
ユバリ（←ユミハリ、弓張）　トバリ（帷）
ユヅカ（←ユミツカ、弓束）　タヅカヅヱ（手束杖）タヅカユミ（手束弓）
カザシ（←カミサシ、髪挿）　クシザシ（串刺）ココロザシ（志）
アゴ（←アミゴ、網子）　アゴ（吾子）ウマゴ（孫）ヒトリゴ（独子）フタゴ（双子）ミツゴ（三子）ミナシゴ（孤）ヤシハゴ（玄孫）ワクゴ（若子）ヲノコゴ（男子）
クガ（←クヌガ、国処）　ウミガ（海処）
トガリ（←トリガリ、鳥狩）　アサガリ（朝狩）クスリガリ（薬狩）ユフガリ（夕狩）

スベ（←スルベ、為方）　　シルベ（知方）

新しく生じた濁音の前の鼻母音ともともと存した濁音の前の口母音との違い、例えば「スベ」の[ɯ̃]と「シルベ」の[ɯ]との違いは音声上のもので、音韻としては一つであったから、連濁によって生じていた濁音の前の母音もすべて鼻母音化したのであろう。そうすると、単純語や、複合語と意識されなくなっていた語に現れる濁音も鼻音を伴うようになって行ったのであろう。

b　エビ（葡萄）クビ（首）タビ（旅）ウベ（宜）…　　d　ハダ（肌）イヅコ（何処）クヅ（屑）…
z　カザル（飾）ヒザ（膝）ワザ（業）…　　g　サガ（祥）スガ（菅）ツガ（栂）トガ（科）…

濁音が現れる語は複合語が半数近くを占めていたからである。

連濁と鼻音濁との相互関係

鼻母音や撥音m・nの後の子音は多く濁音化する。室町時代には「うむの下濁る」（『ロドリゲス日本大文典』）という言葉があった。「う」は鼻音のそれである。今、連濁によって生じた濁音と区別して、鼻母音の後に生じた濁音を鼻音濁と呼ぶことにすると、鼻音濁が生じる理由は、いろいろに説明が試みられているけれども、時代を通じて常に鼻音が濁音をもたらすわけではないところを見ると、生理的事情だけから来るものでないことは明らかである。連濁によって複合語の継ぎ目に濁音が立つと、これに牽かれて鼻音濁の場合にもそれが複合語の接合部に立つことから濁音を選んだという面もあるのであろう。そして、逆に鼻音濁が鼻音を伴っていたので、連濁の濁音が鼻音を伴うようにもなったのであろう。

ここで触れておかなくてはならないことは鼻音がマ・ナ・ラ・ワ行音の前にも生じていたと見られることについてである。

〈マ行〉フミモト（踏本）→フモト（麓）、シミミヅ（清水）→シミズ、〈ナ行〉ウミナハラ（海原）→ウナバラ、〈ラ行〉オノレ（己）→オレ、〈ワ行〉ナミヲリ（波折）→ナヲリ

それにもかかわらず、濁音の前の鼻音と捉えられて来たのはなぜなのであろうか。それは、マ・ナ行音の場合にはｍ・ｎ自体が鼻音であるためにその前の鼻音がそれと一体となっていて、鼻音の存在が意識されなかったのであろう。そして、ラ・ワ行音の場合は鼻音が生じる例が稀だったために意識されることがなかったのであろう。

鼻母音と促音

後世一般に外来語を除いて濁音の前に促音が立たないことはよく知られている。外来語でさえ、促音の後に濁音が立つ時には清音になることが珍しくない。

バッジ→バッチ、ベッド→ベット、ハンドバッグ→ハンドバック…

これは室町時代末期まで濁音の前の母音が鼻母音であったことから来ている。促音は発声器官のどこかを閉鎖したまま一拍分休む音であるから、息を鼻に抜く鼻音には継起し得なかった。なお、マ・ナ・ヤ・ワ行音の前に促音が立たないのは、マ・ナの場合にはその形を用意して閉鎖すると撥音になるからであり、ヤ・ワ行音の場合はそれが閉鎖音でないからでる。

濁音の前に促音が立たないことからすると、上代に認められるいくつかの音変化が問題となる。一つは次の例である。

○この頃聞かで（比者不聞而）（『万葉集』三・二三六④）←キ甲カズテ ki甲 kazute

○かどり（楫取）（神代紀下）←カヂト乙リ kadito乙 ri

これらは母音の並びが〈広—i・u—広〉となっており、音便が起きる条件を満たしている。濁音の前の母音が鼻母音であったとすると、

ki甲 kãzute → ki甲 kãdde → ki甲 kãde

kãdito乙 ri → kãddo乙 ri → kãdo乙 ri

のように鼻音と促音が継起したことになる。ここからはこれらの語の場合、濁音の前の母音がまだ鼻音化していなかったと考えなくてはならなくなる。しかし、前の例の打消の助動詞「ズ」は、その出自が〈ニ（打消の助動詞連用形）＋ス（為）〉と考えられるところからは、鼻音濁であった。そし

て、一方「聞かずて」は、『日本語の歴史5上』156頁で見たように、〈見もかはしつべく→見もかはつべく〉の例と並べて見ても、促音便を起こしていたと見られる。これはどのように解したらよいのであろうか。奈良時代においては促音がまだ一音節として確立していなかったために、鼻母音と促音が継起する段階が実際には存しなかったためであろう。そう解すると、後の例も濁音が前の母音が口母音であったという証例にならないことになる。

次に促音便が起きたのか重音脱落がおきたのか判別しにくい例がある。次の諸例である。

タビヒトまたはタビビト（旅人）→タビト　「多比等」（紀歌謡一〇四）

クビヒスまたはクヒビス（跟）→クビス　「跟久比々須」（『新訳華厳経音義私記』）「右足久比須疵」（正倉院文書天平一二年越前国江沼郡山背御計帳）

マシジ（助動詞）→マジ　『日本語の歴史5上』155頁

これらが促音便であれば、鼻音と促音が継起した例となるが、同一音節または清濁の音節が連続する例全体を見ると、次頁の表のようになっている。〈濁—清〉の「ムスボホル」が重音脱落を起こして「ムスボル」となっているところを見ると、「クビヒス」もこの形が原形で重音脱落例であろう。〈ハバキ→ハギ〉〈クグヒ（鵠）→クビ〉などの〈清—濁〉の例は「ハギ」「クビ」と後続音が濁音化しているのに対して「マシジ」は例外となる。後続音がないために「マジ」となったか。「タビヒト」はこの形が原形で重音脱落と見られる。そもそも同一母音が連続する例は同化形と同じ形をしているわけであるから音便は起きなかったはずである。

（表）促音便と重音脱落

a—同	φ—a—同	ハバキ（脛）→ハギ	清—濁
	a—a—同	カハハラ（河原）→カハラ	清—清
o—同	狭—o—同	ムスボホル（結）→ムスボル	濁—清
u—同	φ—u—同	クグヒ（鵠）→クビ	清—濁
	広—u—同	テモススマニ（手進）→テモスマニ	清—清
	狭—u—同	オモヒツツゾ（思乍）→オモヒツゾ	清—清
i—同	φ—i—同	キギス（雉）→キジ	清—濁
	広—i—同	クビヒス（踵）→クビス	濁—清

もう一類問題となる例がある。〈トリガリ（鳥狩）→トガリ〉と〈スルベ（為方）→スベ（術）〉である。これらは、促音便と見ると、鼻音と継起する例となる。撥音便と見るべきであろう。

撥音の成立

撥音便がいまだ広義の音便の範囲で起きていた間は、前後に口の開きの広い母音に挟まれたミ・

ム・ニ・ヌ・リ・ルの音節に起きた変化の結果は、直前の母音の鼻音として形をとどめていた。ところが、狭義のイ音便が生起・進行し、母音iが一音節として自立するようになると、狭義の撥音便・促音便の場合も、活用語尾を一音節として自立させる必要が生じ、ここに新しい音節、撥音と促音が創出されることとなった。

〈m撥音便〉jomite（詠）→jomde
〈n撥音便〉sinite（死）→sinde
〈促音〉　motite（持）→motte

今まで存しなかった新しい音節を生み出すことは容易なことではなかったはずであるが、広義の撥音便において、音声のレベルではあるけれども鼻音が保持されていたので、撥音m・nを創出することが比較的容易だった。促音の創出の方はそのような助けになったものが見つからない。こちらは、狭義の撥音便に牽かれて狭義の促音便が確立したのであろう。

こうして撥音と促音が生まれると、それまで開音節化して受け入れていた漢語の撥音・入声音をその形で受け入れることが可能になった。

〈撥音〉ダニヲチ（daniwoti）（檀越）→ダンヲチ（danwoti）
〈促音〉セチシアウ（setisiau）（殺生）→セッシャウ（sessiau）

撥音mとn

この時、撥音にmとnの二種のものが生じ、区別されていたことはよく知られている。そのことは『土左日記』(青谿書屋本)によって明らかにされている。

〈m撥音便〉

○「そも〳〵いかゞよんだる(詠)。」と、いぶかしがりてとふ。(一月七日)

(現代語訳)「一体どういう返歌を詠んだの?」と不思議がって尋ねた。

○春の野にてぞ　音《ね》をば泣く。我が薄《すすき》に　手切る〳〵つんだる(摘)菜を　親ゝまぼるらん　姑《しうとめ》や食ふらん　かへらや(一月九日)

(現代語訳)春の野で声をあげて泣くことだ。私が薄で手を切りながら摘んだ菜を親が食べているだろうか姑が食べているだろうか。帰ろうよ。

○「我が国ゝかゝる歌をなむ、神代《かみよ》ゝり神もよんたび(詠給)、今は上中下《かみなかしも》の人も、かうやうに別れを惜しみ、喜びもあり、悲しびもある時には詠む。」(一月二〇日)

(現代語訳)「私の国ではこのような歌を神代から神もお詠みになり、今は上中下どの身分の人もこのように別れを惜しみ、うれしいことがあったり、悲しいことがある時には詠むのである。」

〈n撥音便〉

○「しし（こかほよかりき」といふやうもあり。（二月四日）

（現代語訳）「死んだ子は顔かたちが美しかった」という言葉もある。

狭義のマ行撥音便の「ん」表記三例、狭義のナ行撥音便の無表記一例に過ぎないけれども、書き分けられている。この書き分けは漢文訓読資料でも確認されている。

〈m撥音便〉

（平安時代の例）　ム表記

850『大唐三蔵玄奘法師表啓』　跨《アフツクムて》

948『漢書楊雄伝』　履《フムテ》　襞《タ、ムテ》　歴《エラムテ》

950『妙法蓮華経玄賛』　々（鉗）《ハサムて》

1002『法華義疏』　醸《サケカムテ》

（院政期の例）　ム表記

1150『仁徳紀』　蹈《ホムテ》　呼《ヨムテ》　望《ミノソムタマフ》

1150『雄略紀』　進《マウス、ムテ》　慨然《又説波介牟天》（左傍）

〈n撥音便〉

（平安時代の例）　無表記・レ表記

1025『最勝立印聖無動尊大威怒王念誦儀軌（不動儀軌）』　屍《シタルカハネ》（263行）　死《シ✓タル》（259行）
死《シ✓タル》（264行）

（院政期の例）　無表記・ン表記

1145『史記秦本紀』　死《シンたり》

1150『仁徳紀』　亡《シタリと》

1150『雄略紀』　陥死也《シタリ》

1155『三教指帰』　逝《ユイテ》（去）シン（テ）

1163『大唐西域記』　衰-耄《シンタリ》《オトロヘ》

広義の音便も撥音ｍ・ｎに

このようにして撥音ｍ・ｎが創出されると、広義の撥音便の場合にも撥音が用いられるようになった。「キムダチ」（公達）「ユムデ」（弓手）「カムヨリ」（↓カウヨリ、紙縒）「カモン」（掃部）のように撥音例が生まれ、「カザシ」「ナゾ」には「カｍザシ」「ナｎゾ」の形も存することとなった。そのようにして併存することとなった場合の両形は、意味用法を分担したり、撥音形が強調形を分担したりすることもあった。しかし、撥音便は、狭義のそれが盛んになり、それに比べると、広義のそれは盛んではなくなったと見られる。『土左日記』（青谿書屋本）に見える広義の撥音便の例を見ると、撥音が確立しており、やはりmとnとが区別されている。

〈m撥音便〉

「む」表記　をむな（女）（序他）

「ん」表記　をんなご（女子）（一二月二七日他）をんな（女）（一月九日他）おんな（嫗）（一月七日他）よんべ（宵辺）（一月九日）ふんとき（文宗カ、人名）（一月一二日）おほんとも（大御供）（二月九日）

無表記　かづけ（髪付）（一二月二六日）なだ（灘、地名）（一月三〇日他）たべ（給）（二月一日他）

〈n撥音便〉

無表記　など（何）（一月七日他）いかゞ（如何）（同前他）なぞ（何）（二月一日）ず（打消の助動詞）（一二月二七日他）

あなる（一月二九日）ざなり（一二月二三日他）たなり（一二月二五日）いひあへなる（元日）

m撥音便の無表記例は撥音成立以前の古い形なのであろう。n撥音便の方は、撥音成立以前の古い形と、撥音成立後の無表記例とが存すると見られる。

mとnとの二種の撥音が生まれたわけ

マ行動詞にm撥音便が生まれ、ナ行動詞にn撥音便が生まれるのはなんの不思議もない自然なことのように考えられて来た。そのために関心はmとnとがいつ混同したかという一点に集中して来た。しかし、マ行撥音便、例えば「詠mデ」のmは、歯茎音dが後続するために音便生起の当初からそれに同化されて歯茎音nになりやすかったはずである。それにもかかわらず、m撥音便がn撥音便と区別され、その区別がかなり長く維持されたのはなぜなのか。それは、次のケースにおいて、特に前者においてm撥音便とn撥音便とが厳格に区別される必要があったからであろう。

染《シ》mデ—死nデ　　忌mデで—去nデ

たった二対の語、つきつめれば一対の語「染ム」と「死ヌ」の区別であるが、これを混同することは決して許されないことであった。「染ム」は忌まわしい言葉「死ヌ」と同音になってはならなかったのである。このために日本語の撥音にmとnとの二つの音素が生まれたのである。この一対の語がなければ、日本語の撥音は当初から一つであったに違いない。

二つの撥音を区別したものの、m撥音便が「〜デ・ダ」という形において後続音dに同化されてn撥音便になる動きはとどめがたいものがあった。そのために、「染mデ」と「死nデ」との混同を避けようとして、一つには、マ行動詞「染ム」は、音便を起こさず、原形で行うこととした。原形「染ミテ」で行うようになると、この動詞は、活用を、音便を起こさない上二段活用に変えることとなった。現代共通語はその形を選んでいる。

マ行動詞の音便のその後

そして、もう一つには、マ行動詞の音便にウ音便を生み出し、「染ũデ」という形にすることによって、「死ンデ」との接触を避けた。撥音mと鼻母音ũとが近い音だったからである。

mがũに転じた早い例としては次の例がある。

たうび（『土左日記』一月八日）　tamaɸi（給）→tambi→taũbi

推量の助動詞「ムズ」「ム」が「ウズ」「ウ」に転じたのに牽かれた可能性も考えられるが、それらにおける〈m→ũ〉の変化の早い例は次の例が知られており、平安時代後期・院政期にはじまる。

○［不］顧念し、言説を接《マジ》へ叙《ノ》へタマハサラウ（東大寺図書館蔵『大般涅槃経』平安後期点）一〇五〇年頃

（現代語訳）（私が仮に如来の所に行ったら）過去を顧み、言説を用いることもしないだろう

○師子ノ血トリテタテマツリタラムモノニハ、マウサウニ（申）シタガヒテ、其賞《シャウ》ヲヲコナヒ

(『法華百座聞書抄』)　一一一〇年の聞書
(現代語訳)獅子の血を取って奉った者には申し出る通りに賞を与え
○仏法守《マボラウ》ト誓《タル》ナリ(『打聞集』)　一一三四年を遡ること遠くない時期成立
(現代語訳)仏法を守ろうと誓ったのである。
○ウシヤウシ　イトヘヤイトヘ　カリソメノ　カリノヤドリヲ　イツカワカレウ|(極楽願往生歌)
一一四二年奥書
(現代語訳)いやだいやだ。厭え厭え。かりそめの仮のこの世をいつ別れるのだろうか。

これに対してマ行動詞ウ音便の早い例としては平安時代後期一〇〇二年の例が見える(巻5上135頁)から、推量の助動詞「ウズ」「ウ」の方がマ行動詞ウ音便に牽かれたと見るのが自然である。

このマ行動詞(バ行動詞も)の音便は、ウ音便に転じたというものの、室町時代末期においても、語幹末母音がuの場合には語幹を保持しようとして撥音便でとどまる傾向があった。ローマ字はキリシタン資料、片仮名は抄物の例によった。

語幹末母音　a・o・e・i　ウ音便　fasŏde(剪うで)・tanŏde(頼うで)・アワレウデ(憐)・curuxŭde(苦しうで)
u　撥音便　tacunda(巧んだ)

このような状態にあるところに、オ段長音の開合の混乱が進むと、語幹末母音がaである語とoである語とにおいて語幹の保持が困難となった。オ段長音の開合が区別されている時は、その違いから語幹の形が分かり、従って終止連体形の形も分かった。

開長音 ɔ:　ɸasɔ:de（剪うで）　終止連体形　ハサ|ム
合長音 o:　tano:de（頼うで）　終止連体形　タノ|ム

ところが、開合が混同すると、語幹が保持できなくなった。

合長音 o:　ɸaso:de（剪うで）　終止連体形　ハサ|ム・ハソ|ム？
合長音 o:　tano:de（頼うで）　終止連体形　タノ|ム・タナ|ム？

松山市方言にはその名残が存し、この方言を身につけている私は、「布団をタタム」（畳）と言うのが普通であるが、「布団をタトム」とも言う。「カム」（噛）と「コム」（込）、「ヤム」（止）と「ヨム」（詠）「ヨブ」（呼）がともにウ音便を起こし、開合が混同した時には、区別ができなくなったはずである。もっとも語幹一音節語の場合にはそれを避けて撥音便でとどまる傾向にあった。

マ行動詞の音便が、ウ音便をやめて、一部に残っていた撥音便の方に回帰することとなるのはオ段長音の開合の混乱・混同に原因があった。しかし、この時代には撥音ｍとｎとはｎに合流していたから、マ行動詞の音便が撥音便に回帰すると、撥音便「染ンデ」は「死ンで」と同形になってしまう。そこで生み出された形が現代松山市方言で行われている「シュンデ」の形であった。ウ音便であった時の語幹「シュ」を生かすことによって「死ンデ」と同形になることを避けている。「シユンデ」の形はほかの方言でも広く行われている。

ŋ撥音は生まれなかった

これに対して、ガ行動詞の音便はイ音便を起こし、ŋ撥音便を起こさなかったから、日本語にŋ撥音は生まれなかった。

tũŋite（次ぎて）→ tuĩde

広義の撥音便に「クニガ」（国処）が「クガ」（陸）に転じた例があるが、この場合も、その変化は、

kuniŋa → kũŋa

であって、ŋ撥音が生まれることはなかった。

漢字音の三内撥音韻尾の受け入れ

外国語音は一般に母国語の音韻体系の枠内で受け入れられるものである。漢字音のいわゆる三内撥音韻尾m・n・ŋも日本語の音韻体系の枠内で受け入れられた。漢字音にmとnの別があったから日本語の撥音にmとnとが生まれたのではない。右に見て来たように平安時代には日本語に撥

音mとnとが生じ、区別されていたから、漢字音のそれもそれぞれの形で受け入れられたのである。撥音ŋは日本語に生まれなかったために、漢字音のŋは、その形で受け入れられることはなく、呉音においてはそれに近い音[ũ]、音韻としては/u/で受け入れ、漢音においては、それに近い音[ũ][ĩ]、音韻としては/u//i/で受け入れた。そのことは、ŋ韻尾の漢字に「スル」を付けて動詞化した形などから分かる。キリシタン資料から例を引く。

xǒzuru（生ずる）、vôzu（応ズ）、tçǔzuru（通ズル）

Yeizuru（詠ズル）

『土左日記』（青谿書屋本）に見える撥音韻尾を持つ漢字音を見ると、n韻尾の例しか見えないが、それらは次のように表記されている。

無表記　てけ（天気）（一月九日）さうじもの（精進物）（一月一四日）もし（文字）（一月一八日）ゑす（怨ず）（同前）

イ表記　ていけ（天気）（一月二六日）

開音節「に」表記　せに（銭）（一月一四日）とにゝ（頓に）（一月一六日）

「む」「ん」表記は見えない。開音節表記は古く受け入れられていた形であろう。

院政末期までの片仮名交じり文資料や漢文訓読資料でも漢語のmとnとが区別されていることはよく知られている。

撥音m・nの表記

m撥音が早く「む」「ム」で表記されたのは、推量の助動詞「ム」が撥音mになった後もそのまま「む」「ム」で表記されたために、これを利用することができたからと考えられる。それに対してn撥音の方は、利用する表記が存しなかったから、表記が確立せず、平安初期には無表記とともに、「ニ」「イ」「ウ」「レ」が行われていた。「ニ」はn撥音を開音節化して受け入れていた時の表記を踏襲したものである。「イ」「ウ」表記はŋ撥音の表記を流用したものであろう。前者は文字通りのniと区別できず、後者はŋ撥音と区別できなかったから、望ましいものではなかった。やがてレ・く・＞などの表記が生み出され、平安中期以降はレ表記に安定して行き、それから「ン」が生まれたとされる。

mとnの混同・合一化

狭義のマ行動詞の撥音便は、「染mデ（・ダ）」「止mデ（・ダ）」「詠mデ（・ダ）」「憐れmデ（・ダ）」などと、後続音がdであったから、これに同化されてnになる危険性にさらされており、実際その変化が進んでいたものと見られる。そのような状態にある時、マ行動詞の音便がウ音便に転じ、「染ム」の音便形が「死ンデ」と同形になることを避けることができるようになると、mとnの区別は必要でなくなった。そのようにして、院政末期にはmとnとが混乱した例が散見しはじめ、鎌倉初期になると混乱がかなり進み、鎌倉中期にはmとnとは混同し、合一化した。

濁音の前の鼻音の衰退

濁音とその直前の母音の鼻音化が進み、やがて濁音一般の直前の母音が鼻音を伴うようになったことについては先に見た。ところが、狭義の撥音便が生起すると、撥音mとnが生まれ、鼻音は生じなくなった。広義の撥音便もm・nの形をとるようになり、鼻音が生じることはなくなった。

広義の撥音便　kami[甲] sasi（髪挿）→ kãzasi
　naniso[乙]（何）→ nãzo

狭義の撥音便　jomite（詠ミテ）→ jomde
　sinite（死）→ sinde

広義の撥音便　kamisasi（髪挿）→ kamzasi → kanzasi
　naniso（何）→ nanzo

濁音の前の鼻音は撥音m・nに取って代わられることとなり、鼻音は古く生まれたものが濁音の前に慣用として生きのびるという状態となった。狭義の撥音便の進行・一般化とともにそれはいつ衰滅してもおかしくない状態になっていった。

ロドリゲスの記述によれば、室町時代末期には、濁音の前の鼻音はダ行・ガ行の前では保たれていたけれども、バ行の前では稀に保たれているに過ぎなかった。ザ行の前の例については述べていないところを見ると、その場合の鼻音は衰滅していたのであろう。鼻音は、なぜダ行とガ行の場合に保たれ、ザ行とバ行の場合には衰退したのであろうか。

ザ行音の前の鼻音が最も多用されたのは中世では推量の助動詞「ウズ」の場合であった。この助動詞は〈ムトス→ムズ〉から転じたために「ム」との連続性を保って鼻音性を維持した。「ウズ」に牽かれて助動詞「ウ」も鼻音性を持っていた時期があったとみられるが、濁音を伴わないから鼻音性が失われやすく、これに牽かれて「ウズ」も鼻音性を失ったのであろう。

バ行音の前の鼻音が中世において最も多用されたのは、接続助詞「バ」と、格助詞「ヲバ」であった。この場合には鼻音性を保たなくてはならない事情がないから、早く失われた。

ガ行の前の鼻音が遅くまで維持されたわけを考えるためには、濁音の前の語頭狭母音の脱落のことを考え合わせるべきであろう。

イダク(抱)→ダク、イダス(出)→ダス、イザル(礻)→ザル、イバラ(茨)→バラなどのようにダ・ザ・バ行の場合には濁音の前の狭母音が脱落した例が存するのに対して、ガ行の場合には、イガム（歪）、ウゴク（動）、ウゴメク（蠢）などに狭母音の脱落が起きていない。これは、d・z・bに比べて、ŋが、

d：n　b：m　g：ŋ

という対応によって安定していたために逆に直前の鼻音を支えたからと考えられる。ガ行の前の母音が鼻音性を遅くまで保つのもそのためである。

ダ行の前の鼻音は、中世においてはバ・マ行動詞のウ音便に最も多用された。バ・マ行動詞は、はじめ撥音便を起こしたが、後、語幹末母音がａｏｅｉの場合にはウ音便に転じ、ｕの場合には〈進ｍデ→進ｎデ〉のように一般に撥音便でとどまっていた。このウ音便のｕは鼻母音であったから音声上撥音便との連続性を保っていた。そのためにダ行の前の母音は遅くまで鼻音性を維持した。

このようにしてザ行とダ行との間に口母音と鼻母音という差が生じると、混乱して行くジ・ヂ、ズ・ヅの四つ仮名を口母音と鼻母音で区別する方言も生じた。ところが、オ段長音の開合が混乱しはじめ、語幹保持のためにバ・マ行動詞のウ音便が撥音便に回帰すると、ダ行音の前の鼻母音も衰退することとなった。口母音と鼻母音との違いが音声上のものであり、語頭に濁音が立つようになると、清濁が無声と有声の対立だけにもどったために、鼻母音が失われて行くこととなったが、それを決定的なものとしたのは、バ・マ行動詞のウ音便から撥音便への回帰であった。

ガ行音の音価

ガ行音の音価の変遷に触れておく。広義の撥音便が起きる以前には鼻母音が存在しなかったからガ行音はgであった。漢語のガ行音は語頭（餓鬼・願・元年…）も語中・語尾（不可思議・孝義…）もgで受け入れられた。やがて鼻母音が生じ、それに続く濁音が鼻濁音で実現するようになって、広く濁音の前の母音が鼻母音で実現するようになると、漢語の場合、語頭はg、語中・語尾はŋとなった。円仁の『在唐記』（八四二年頃成）が、「本郷我字音」と「本郷鼻音之我字音」を認めているのはこの期の姿を捉えている。そして、ガ行音の前の鼻音が維持されていた室町時代までは語中のŋが維持されたが、江戸時代以降鼻母音の衰退とともに多くの方言でŋは衰滅した。東京方言などでは、今も語頭g、語中・語尾ŋという分布を示しながら、語中・語尾では、例えば、

「小学《ガ》校」「中学《ガ》校」のガはŋ、「高等学《ガ》校」「音楽学《ガ》校」のガはg

というように複合度によってŋであったり、gであったりする。また、

「銃後《ゴ》」「醍醐《ゴ》」はŋ、「十五《ゴ》」「第五《ゴ》」はg

という違いも結合度の違いから来ている。しかし、このような例が存するために、音韻としては一つであっても、音声［g］と［ŋ］の違いを意識する人も少なくない。

一三　撥音便と濁音

清濁の別

日本語に古くは清濁の音韻論的区別がなかったとする説があり、今日でもその可能性を想定する立場もあるけれども、妥当ではないと私は考える。濁音が清音に遅れて成立した可能性は高いかも知れないけれども、両音が併存するようになってからも音韻としては区別がなかったという可能性は小さいと考えられる。

古く清濁の音韻論的区別がなかったとする仮説は、一つには仮名が濁音専用の文字を生み出していないということから想定された。そして、もう一つには、日本語では古く濁音が語頭に立たないという事実があり、朝鮮語においても大まかに言って、濁音が語頭に立たず、語中には濁音のみが実現するために音韻として清濁の区別がないということから想定された。しかし、前者については、日本語における清音と濁音との関係が、例えば連濁に見るように密接な対応関係にあることを背景に、文字体系の経済性から来ているものと考えられる。平たく言えば、文字を覚える負担を少なくしようとしたものと考えられる。清濁を区別するかしないかは、

之(si)・自(zi)

之(si・zi)

のような2対1の単純な関係ではなかった。万葉仮名・平仮名・片仮名、いずれの場合も、字源を異にする数多くの仮名が生まれていたから、清濁を合わせると、それは非常に複雑な様相を呈していた。ここにおいて清濁を区別しないと、負担は相当軽くなったと見られる。また、後者、朝鮮語との類似については、「「史前」の状態を仮説的に推定するならば、かつて日本語においても丁度朝鮮語における様な「清濁」の状態が存在していた」（浜田敦「連濁と連声」）という解釈が出されているけれども、二つの言語の間に関係があるとするならば、日本語のような姿、語頭―清音、語中・語尾―清音・濁音という現れ方の方が古い姿である可能性を考えるべきではないか。

古く語頭に濁音が立たなかったこと

しかし、古く濁音がなぜ語頭に立たなかったのか、そして、それが何を意味しているのかについてはいまだ明らかになっていない。例えば、『万葉集』について見ると、漢語「餓鬼」と梵語「婆羅門《ばらもに》」「檀越《だにをち》」を除くと、擬声語「鼻毗之毗之尓《はなびしびしに》」（五・八九二）「馬声蜂音石花蜘蟵荒鹿《いぶせくもあるか》」（一二・二九九一）に限られる。

このことについて先ず検討しなくてはならないのは語頭に濁音が立っていたとする説があることである。朝山信弥氏・柴田武氏は、次のような語の語頭に存するイ・ウ・ムを、濁音が伴う鼻音と見て、語頭に濁音が立っていたとした。

（漢語）

胡麻　五万　訛云宇古末（『和名類聚抄』）

（和語）

b　イバラ（茨）・ウマラ・ムバラ→バラ　ウバタマ・ムバタマ・ヌバタマ
　ウバフ（奪）・ムバフ→バフ　ウベ（宜）・ムベ
d　イダク（抱）・ウダク・ムダク→ダク　イデ（出）→デ
　イヅコ（何処）→ドコ　イヅレ（何）→ドレ
　ウダチ（梲）→ダツ
z　イザル（笊）→ザル
ŋ　ウグロモチ・ムグロモチ　ウゴメク（蠢）・ムゴメク・オゴメク

この説は、濁音が伴っていた鼻音がどのようにして生じたものであるのかについて考えることなく、鼻音を濁音と一体のものと考えるために、例えば「イバ」「イダ」などを濁音と捉え、濁音が語頭に立っていたとするものである。しかし、和語の例のイ・ウ・ム・ヌは『万葉集』では歴《れっき》とした一音節に数えられており、濁音が語頭に立っているとは言えない。

宇万良能宇礼尓（茨《うまら》の末《うれ》に）（二〇・四三五二②）

宇倍母佐枳多流（宜《うべ》も咲きたる）（五・八三一②）
奴波多麻能（ぬばたまの）（一五・三五九八①）
可伎武太伎（かき抱き）（一四・三四〇四③）
伊泥氏許之（出でて来し）（一七・三九六九長歌短句）
伊豆久欲利（何処より）（五・八〇二長歌短句）
伊都礼乃思麻尓（いづれの島に）（一五・三五九三④）

ただ、漢語「宇古末」の「ウ」は、語中において濁音が伴っていた鼻音が語頭においても顕現している可能性が高い。この場合の「ウ」が一音節であったのか、「ウゴ」全体で一音節であったのかは明らかでないが、濁音が伴っていた鼻音が一音節に成長した可能性も考えられなくはない。濁音の前の例ではないけれども、鼻音が一音節に成長したらしい例に、

ウメ乙（梅）（「宇米我波奈」五・八四五③）、ウマ（馬）（「宇麻奈米氏」一七・三九九一長歌長句）

がある。中国語 mei・ma を受け入れて、それぞれ「ウメ」「ウマ」の二音節語としている。「ウ」を、途中経由したかも知れない朝鮮語によるものと想定することもできるかも知れないけれども、また、語中・語尾の「メ」「マ」を発音する時に伴う鼻音を語頭にもおいて一音節にしたものと考えることもできる。後者のように考えるならば、ここに鼻音が一音節に成長した例が認められることになる。しかし、もしそうだったとしても、この例は、日本語に一音節語が多いために、鼻音を利

用して和語の「メ」「マ」との衝突を避けた特異な例なのではないか。

メ乙　目・芽・海布　　メ乙(梅)→ウメ乙
マ　　目・間　　　　　マ(馬)　→ウマ

そういう目で見ると、「ゴマ」(胡麻)は「ウゴマ」の形を生み出す必要性はなかったことになる。現にこの語は「五万《ゴマ》」の形で受け入れられ、その形で行われるのが普通であった。ところが、語中・語尾に立つ「ゴ」が鼻音を伴うことから、語頭の「ゴ」にも鼻音を付すことがあったのであろう。この形も特異な例ということになる。

以上を要するに、漢語の場合には語頭濁音語を受け入れて、これに「ウ」を付すことが稀にあったものかと見られるけれども、和語の場合は、「イバラ」「イダク」などが原形で、語頭の語形が「イ」「ウ」「ム」に揺れるのは、それが鼻母音になっていたからと見られる。

右のように考えて語頭に濁音が立たなかったという事実を認めると、なぜ濁音が語頭に立たなかったのかが問題となる。濁音が語頭に立たないのは偶然のことなのではないかとする考えもあるが、截然とした分布を示す事実であるから何らかの特定の原因が存したと見るのが自然である。そう考えて、語頭の場合、濁音が伴う鼻音を担うための前接の母音がないからとする考えがあるわけであるけれども、この考えは濁音が本来は鼻母音を伴っていなかったとする私の考えからは認められない。蓋然性が高いのは濁音が連濁によって生まれた後出の音であるということであろう。

語中に濁音を含む語には大きく分けて三種類のものが存する。二音節名詞の例を示す。

第一類　複合語であるのかどうか不明の語　エビ（葡萄）・クビ（首）・タビ（旅）・ウベ（宜）・ニベ（鮸）…（七二頁参照）

第二類　連濁　ナベ（鍋）・マド（窓）・ミヅ（水）・ヤド（宿）…（後掲）

第三類　鼻音濁　アゴ（網子）・ナド（何）・ナゾ（何）・スベ（術）…

濁音が連濁によって生じた後出の音であると言うためには第一類の濁音も連濁によるものと説明する必要がある。「ヒ甲ゲ乙」（鬚）（比宜、『万葉集』五・八九二）という語が「ケ乙」（毛）を下部要素とする複合語であることは動かないであろうが、「ヒ甲」が分からなくなっている。『岩波古語辞典』が「ヒ」を朝鮮語「ip」（口）と関係があるかとし、「言ひ」についても「朝鮮語ip（口）と同源であろう」とするのは興味深い。右において、第一類とした濁音の中には、今でこそ分からなくなっているけれども、複合の連濁によって生じた濁音が存する可能性があるからである。しかし、第一類の濁音がすべて連濁によって生じたものであるという可能性もあると思われるけれども、それを説明することはもはやできない。右には二音節名詞の例を引いたが、動詞や形容詞に認められる濁音に目を拡げると、それらの出自を連濁で説明することはできそうにない。濁音の成立については不明とせざるを得ない。従って、濁音がなぜ語頭に立たないのかも明らかでない。

語頭濁音語の新生

漢語の語頭濁音語は早くから取り入れられたと見られるが、和語にも語頭濁音語が生まれた。既に見たように濁音が語頭に立たないのは生理的音声的事情から来るものではなかったから、語頭濁音語が生まれて来るのは自然のなりゆきであった。それらには次のような例がある。知られている早い例を引いた。

①語頭狭母音の脱落によるもの

バウ（奪）（中山法華経寺本『三教指帰注』院政末期写か）

バラ（茨）（真福寺本『将門記』承徳三年（1099）写）

ダク（抱）（東大寺図書館蔵『法華文句』平安中後期交点、石山寺蔵『金剛頂蓮花部心念誦儀軌』寛仁四年（1020）点、『梁塵秘抄』平安末期成）

ダス（出）（〔東大寺文書〕大宅是道貢布状保安二年（1121）一一月一二日、『和泉往来』文治二年（1186）写）

ドコ（何処）（『将門記』承徳三年写、『梁塵秘抄』）

ドレ（『梁塵秘抄』）

②減価意識によるもの

ダニ（木虱）（『和英語林集成』）←タニ（『日葡辞書』）

ザマ（様）（『天草版平家物語』）←サマ

ガワ（側）（『日葡辞書』補遺「Gaua. Caua が優る」）←カワ

③その他

ブタ（豚）（『蔗軒日録』文明一八年四月二六日）・ダマス（騙）（『日葡辞書』）・ドロ（泥）（同）・ゴミ（塵）（同）・ブナ（橅）（『名語記』五）・ブリ（鰤）（『日葡辞書』）

減価意識は、清音形から濁音形が生み出され、原則として両形が併存する時に、濁音形の方に生じるものであったが、そうして語頭濁音形が負の価値を担うようになると、その他の語頭濁音語にもその意識が付随するようになって行った。

なお、コソアド言葉の体系に牽かれてどのようにして副詞「ドウ」（如何）が生まれたのか、また、「タレ」（誰）が同じくコソアド言葉に牽かれながらその濁音化（「ダレ」）がなぜ江戸初期まで下がるのかについては、別の機会（「『ドウ』（如何）の成立」（『国語国文』））に論じた。

語頭ラ行音語

古く語頭に濁音が立たなかったことに関連しては、ラ行音も和語の語頭に立たなかったことが問題となる。しかし、その理由については明らかでない。漢語「流黄」がヤ行音「由王」（『和名類聚抄』）で受け入れられている例があることを見ると、ラ行音とヤ行音とが近い音であることが、この問題になんらかの関係があるのではないかとも考えられる。上代から存した命令形の東西方言の違い「（寝）ロ」と「（寝）ヨ」や、上代における自発・可能・受身の接尾語「ユ」「ラユ」と「ル」の併存も注目されるが、前者については『日本語の歴史1』で、後者については『日本語の歴史2』で明らかにしたように、今の問題にかかわるものではない。和語において語頭にラ行音が立たない理由は明らかでない。

連濁生起の原因—先学の説明

連濁の問題にもどる。連濁については数多くの論文が書かれているけれども、その関心の中心は連濁が起きる条件、または起きない条件を論じるものであって、なぜ連濁が生じたのかを正面に据えて論じることはなかった。連濁・非連濁の条件の解明は、連濁生起の原因の解明につながって行く可能性があると考えられるけれども、そこを目指してそこまで到達した考察はなかったのではないかと思う。しかし、連濁の問題を考える時には連濁がなぜ起きたのかを見通しながら考察を進めることが欠かせない。

連濁生起の原因について唯一提示されているのは、管見によれば、有声音である母音に前後を挟まれた無声子音が有声化しようとする傾向を利用して、複合標示機能を果たしたとする説明である。これに似た考えは早く山田孝雄氏に見えるが、連濁を複合によって起きた変化と見るにとどまり、目指した機能とは見ていない。複合標示機能というのは、それが熟合した一つの語であることを標示するという働きのことである。例えば、「ヤマガハ」という連濁形によって、それが、「山および川」という二語ではなく、「山の中を流れる川」という一語であることを示しているというものである。

この説は、次の事象にも複合標示機能を認めて、大がかりで、動的な説明であるところから、多くの支持を得ている。

被覆形　例、フネ＋ノリ→フナノリ（船乗）、アメ＋ミヅ→アマミヅ（雨水）
融合・脱落　例、タカ＋イチ→タケチ（高市）、アラ＋イソ→アリソ（荒磯）
音便　例、カキ＋テ→カイテ（掻）
アクセント　例、ミヅ＋ウミ→ミヅウミ（湖）

しかし、私見によれば、融合・脱落は、音節の粒を揃えるために生じていたもので、語形に損傷を生じる都合の悪い形であって、複合標示のためであったとは考えにくい。音便生起も複合標示のためとは考えにくい。ともに『日本語の歴史5上』で論じたところである。また、「フナノリ」などは、それが原形であって、複合標示のために生じたものではない。連濁生起の原因については目を複合標示機能から転じなくてはならないのではないか。

連濁生起の原因を考察する方向

連濁生起の原因について考える際考慮すべきことの一つは、音便生起の原因をそのはしりの例に探ったように、やはりはしりの例に注目すべきではないかということである。そのためには奈良時代の例を観察すべきであり、奈良時代の例でも多音節語よりは二音節語に先ずは目を注ぐべきなのではないか。

カド甲（門）―カド甲タ（門田）、カベ甲（壁）―カベ甲クサ（壁草）、ソ甲デ（袖）―ソ甲デツケゴ乙ロ乙モ乙（袖着衣）

においては、

カ（処）＋ト甲（戸）、カ（処）＋へ甲（辺）、ソ甲（麻）＋テ（手）

の複合の方が一次的であるから、二音節語と多音節語とは区別して対象化した方がよい。

そして、もう一つには、濁音の果たす主たる機能は時代を通じて知的意味の弁別であって、複合標示機能を果たしているとするならば、その機能は副次的なものであるということである。連濁に注目する場合、当然のことながら、次のような清濁の対応に注目する。

ヒ甲コ甲（彦）　―ヤマビ甲コ甲（山彦）（山妣姑、『万葉集』八・一六〇二）

ヒ甲ト乙（人）　―ヤマビ甲ト乙（山人）（夜麻妣等、『万葉集』二〇・四二九四）

ツキ甲（杯）　―サカヅキ甲（杯）（佐加豆岐、『万葉集』五・八四〇）

カキ甲（垣）　―ヤヘ甲ガキ甲（八重垣）（夜幣賀岐、記歌謡一、夜覇餓枳（・岐）、紀歌謡一）

この場合、濁音は二つの要素が複合していることを表しており、「ヒコ」と「ビコ」などの間に意味の違いは存しない。しかし、〈ヒ―ビ〉〈ツ―ヅ〉〈カ―ガ〉などの清濁の対立は、言うまでもないことながら、意味の違いを表す。

カヒ甲（匕・峡・貝）―カビ甲（穎）、クヒ甲（杙）―クビ甲（頸）、シヒ甲（椎）―シビ甲（鮪）、タヒ甲（鯛）―タビ甲（旅）

クツ（履）―クヅ（屑）、タツ（龍）―タヅ（鶴）、ミ甲ツ（三）―ミ甲ヅ（水）

サカ（坂）―サガ（祥）、ツカ（冢）―ツガ（樛）

『時代別国語大辞典上代編』によって清濁で対立する二音節名詞を見ると、右に引いた例のほかにも多数の例が認められる。清濁が一義的には意味の弁別のために機能していることが確認される。

連濁の機能

右に引いた例の濁音形を見ると、連濁形であることが明らかな例が存することが注目される。

ヲハ（尾羽）―ヲバ（姨…）　ナヘ乙（苗）―ナベ乙（鍋）　ヲチ（遠）―ヲヂ（翁）

マト甲（的…）―マド甲（窓）　ヤト甲（八戸）―ヤド甲（宿）　アキ甲（秋…）―アギ甲（吾君…）

「アキ甲」（秋）の語源は明らかでないが、「ア＋キ甲」という複合語である可能性は小さい。仮に「アカ」（赤）から転じたものであるとすれば、その「アカ」の語源を措くと、「アキ甲」の「キ甲」は清音であった。その「アキ甲」に対して、連濁形の複合語「アギ甲」（吾君）は知的意味の弁別に役立つこととなっている。

次に、ともに複合語と見られる例を見る。「ヲバ」（叔母）「ヲヂ」（叔父）は〈ヲ（小）＋ハ（母）〉〈ヲ（小）＋チ（父）〉の連濁形であろう。一方「ヲハ」（尾羽）も複合語で、二つの要素が意味上並列の関係にあるために連濁を起こしていない。こうして、不連濁形と連濁形とによって知的意味を弁別することのできる語ができている。また、「マト甲」（的）は、〈マ（目）＋ト甲（処）〉の複合語で、目のような形即ち円（まる）、また、そこから的（まと）を表したのであろう。一方、「マド甲」（窓）は、〈マ（目）＋ト甲（門）〉で、連濁によって清音形とは異なる意味を表す語が生み出されている。

右の語源解が当たっているとして、問題は、同じく複合語でありながら、二語の間に連濁形と不連濁形という違いがどのようにして生じたのかということになる。一つの想定として、古く連濁が起きていない時代があり、後に連濁が生起しはじめ、やがてこれを知的意味の弁別に役立てるようになったということは考えられないであろうか。「マト甲」(円・的)が古く行われていた語で、後に連濁形「マド甲」(窓)がそれとの衝突を避ける形で造り出されたという可能性が考えられる。

この想定のもとに一々の例について考察を展開する用意が今の私にはない。一つだけ付け加えておくと、袖が上代に「ソ甲テ」「ソ甲デ」の両形で現れるのは、袖を表す「ソテ」と衝突する「ソテ」という語が存在しなかったためではないか。

多音節語の連濁

二音節名詞の場合に比べると、例えば四音節名詞の場合、連濁が知的意味の弁別に役立つのは、「ヤマカハ」(山および川)と「ヤマガハ」(山の中を流れる川)くらいであろう。従って、多音節語の場合には、一旦進行しはじめた連濁が、その目的とする機能を喪失し、音声的側面においてだけ進行して行ったのではないか。そのために、この現象は、連濁が起きるのが一般である中にあって、ある特定の条件の場合に不連濁となるという形でしか捉えられないものとなっているのであろう。

不連濁の条件については、本居宣長を嚆矢に、B・S・ライマン以来考察が加えられて来た。ライマンの不連濁規則1は次のように記されている。

直後［すなわち後部要素の第2拍目］にb、d、g、j、p、zがある（363例）か、［後部要素の］その他の位置［すなわち第3拍目以降］に［濁音が］あれば（398例中35例）、連濁はおきない。唯一の例外はアマガッパである。

○先行する［すなわち前部要素中の］濁音は連濁（the nigori）には影響しない（連濁がおきているもの約150例、おきていないもの約150例）。（屋名池誠氏訳注）

ライマンの規則は、「一語中に濁音節が並列しない」と理解される傾向があるが、それほど単純ではない。不連濁規則1には具体例で言えば、次の三つのことが記されている。

①オヒカゼ（追風）・スヒカヅラ（忍冬）…

②アヒコトバ（合言葉）・アラカセギ（荒稼）…

③タビビト（旅人）・ミヅギハ（水際）…、カザカミ（風上）・ヤブカ（藪蚊）…

ここに何が起きているのかを統一的に理解すれば、次のようになる。濁音が前接の鼻母音を伴っていた時代においては、濁音を連続したり①、近接したり②して発音することは労力を必要とするために避けられる傾向にあった。それが③で許されることもあったのは、①②が複合語の構成要素の内部での連続・近接であるのに対して、③の場合は構成要素の継ぎ目にわたる連続であったか

らであろう。複合が進んでいるとは言うものの、

タビ—ビト（旅人）・ミヅ—ギハ（水際）・アダ—バナ（花虚）・ノド—ブエ（咽吭）・フヂ—バカマ（蘭）・ナミダ—グム（涙）（『和英語林集成』第二版、これらの語は観智院本『類聚名義抄』でも連濁形で見える）

などの場合には要素の切れ目が意識されたから連濁形ででも行われたのであろう。

なお、①には「フンジバル」（縛）、②には「ダンバシゴ」（段梯子）の例外があることが指摘されている。この二語は江戸時代に見えるようであるから、濁音が鼻母音を伴わなくなって濁音の連続が負担にならなくなったのであろう。

音位転倒

音位転倒という形態変化がある。「ツゴモリ」（晦）が「ツモゴリ」に転化するような例である。〈マナイタ（俎板）→ナマイタ〉のように「生ものを料理する板」という意味が関与して起きたと見られる例を除くと次の例が音位転倒の例と認められている。いずれも濁音を含んでいることが注目されて来たのであるが、もう一つ濁音と転位する音がマ・ナ行音であることも注目される。

〈濁音・マ行音→マ行音・濁音〉ツグミ（鶫）→ツムギ、チャガマ（茶釜）→チャマガ、ツゴモリ（晦）

↓ツモゴリ、スゴモリ（巣籠）↓スモゴリ

〈濁音・ナ行音↓ナ行音・濁音〉トダナ（戸棚）↓トナダ

〈マ行音・濁音↓濁音・マ行音〉タマゴ（卵）↓タガモ、ヨモギ（蓬）↓ヨゴミ、マルマゲ（丸髷）↓マルガメ、コマゴメ（駒込）↓コガモメ

これに当てはまらない例は〈カラダ（体）↓カダラ〉と〈サンザカ（山茶花）↓サザンカ〉である。実はマ・ナ行音と濁音とが連続する場合には連濁が起きない傾向がある。「～ハマ」（浜）「～ヒマ」（暇）「～ヒメ」（姫）「～ヒモ」（紐）などがそれである（金田一春彦氏・秋永一枝氏）。濁音が前接の鼻母音を伴っている間は鼻音を続けて発音することが負担になったのであろう。音位転倒が起きるのもここに原因があるものと考えられる。

「カダラ」は、不連濁の傾向に同種または類似の音が連続する時連濁が避けられる傾向がある（佐藤大和氏）ことに共通する。

きずつける（傷つける）↑跡づける、位置づける、名づける

とびひ（飛び火）↑焚き火、残り火、もらい火

しあげかんな（仕上鉋）↑台がんな、槍がんな、突がんな

「サザンカ」は九九「サザンク」に牽かれたのであろう。現代の「サ・ザン・ガ・ク」は韻律によって、「サン・シ・ジュウ・ニ」などの四単位に揃えたものであろう。

一四　撥音便とハ行音

ハ行音の変遷

近代の出発に当たって日本語研究の基礎を築いた東京帝国大学博言学科初代教授上田万年《かずとし》氏（一八六七～一九三七）は一九〇〇年に「p音考」を書き、日本語のハ行音が古くパピプペポであり、それがp→ɸ→hと変遷したことを論じた。p音については清音と濁音との音韻論的関係等から論じたものである。氏は簡略に次のように示している。

D = T

G = K

B = (?) = P!!

このことを分かりやすく示せば次のようになる。

（表）濁音と清音の対応

	調音点	調音法	有声無声
濁音d	歯茎音	閉鎖音	有声
清音t	歯茎音	閉鎖音	無声
濁音g	軟口蓋音	閉鎖音	有声
清音k	軟口蓋音	閉鎖音	無声
濁音b	両唇音	閉鎖音	有声
清音ɸ×	両唇音	摩擦音	無声
清音h×	声門音	摩擦音	無声
清音p◯	両唇音	閉鎖音	無声

濁音bに対する清音はΦやhではなく、pということになる。

随分昔のことになるのだが、大学の同僚だった友人からこんな話を聞いたことがある。御子息がまだ仮名も学んでいない幼かった頃、親子で言葉遊びをしていて、友人がタ―ダ、テ―デ、カ―ガ、ケ―ゲなどと言い、次に友人がトと言うと、御子息がド、コと言うと、ゴと答えるということをやっていたという。そのようにして、友人がハと言うと、御子息は口ごもり、「ア、ア、ア」と言ったというのである。大人は、ハヒフヘホの濁音はバビブベボであるという知識を学習しているけれども、幼い子どもにとっては、タ―ダ、ト―ドなどに対応するのはハ―バではなく、ハ―アだったのである。

上田氏の説は多くの人を驚かせた。そして、その高弟やそれに繋がる人たちはハ行音の音価の変遷についての論文を書き継いで行った。伊波普猷(一八七六～一九四七)・新村出(一八七六～一九六七)・橋本進吉(一八八二～一九四五)・有坂秀世(一九〇八～五二)・服部四郎(一九〇八～九五)・亀井孝(一九一二～九五)などの諸氏である。伊波・服部両氏は沖縄方言のハ行音に、新村氏は室町時代以降のハ行音(Φ→h)に注目した。橋本氏は〈p→Φ〉の変化の時期を諸資料によって推定した。亀井氏もハ行音の音価に強い関心を寄せ、多くの興味深い事象を発掘した。有坂氏は、音価の推定をハ行音にとどまらず、全ての音節に拡大した。こうして、これ以後、日本語音韻史の研究は音価の推定が中心課題となり、ごく最近まで進んで来た。

〈p→Φ〉変化の時期

〈p→Φ〉の変化の時期について、橋本氏は次の二つの事実を主要な根拠として奈良時代の終り頃までに完了していたとした。一つはいわゆるハ行転呼の生起である。ハ行転呼というのはハ行音がワ行音に変化することであって、橋本氏はその早い例を奈良時代に認める。ワ行音w（摩擦音）に転じるハ行音は、p（破裂音）ではなく、Φ（摩擦音）であったと見る方が自然だからである。氏は、語中語尾に起きたハ行転呼の例として『万葉集』に「かほ鳥」を「杲鳥」と書いた例が見えることなどを挙げている。漢字音kauをkawoと受け入れていた（『日本語の歴史5上』15頁）ためこのように表記しているのであろう。他にも〈ウルハカハベ（閏八河辺）―ウルワカハベ（潤和川辺）〉の例が知られている。ただし、前者は「ウルヤカハベ」と訓む説もある。問題は語頭のハ行音がΦであったかどうかということである。語頭に起きたハ行転呼の例として氏は「わしる」の他動詞形「わしせ」が『古事記』歌謡七八番に見えることに注目している。なお、「わしりで」（『日本書紀』歌謡七七番）も知られている。しかし、語頭の例については、単純な音変化なのか、類推などの心理的要素が加わった変化なのか、或いはまた語源を異にする類義語が偶然語形の類似を見たものなのか明らかでないとして、判断を保留している。

もう一つの根拠として氏は慈覚大師円仁（七九四～八六四）の『在唐記』の記事に注目した。円仁が入唐中（八三八～四七）に宝月三蔵から学んだ悉曇字母の発音についての記述がそれである。梵字はローマ字をもって代用した。

pa　唇音。以㆓本郷波字音㆒。呼㆑之。下字亦然。皆加㆓唇音㆒。

pha　波。断気。呼之。

ba　以㆓本郷婆字音㆒呼㆑之。下字亦然。

bha　婆。断気。呼之。

（現代語訳）

pa　唇音。日本のハの音を発音する。次の字も同じ。いずれの場合も唇音を加える。

pha　波。有気音に発音する。

ba　日本のバの音を発音する。次の字も同じ。

bha　婆。有気音に発音する。

pa・pha の発音には **ba・bha** の説明にはない「加唇音」という説明があるので、橋本氏は平安初期の日本語の「ハ」の音が唇音を加えないと **pa** にならない音 **ɸa** であったと推定した。

これに対して梵字、**ḍa** に「加㆓舌音㆒」、**ta・da** に「加㆓歯音㆒」、**na・ma** に「加㆓鼻音㆒」とあることをもって、本郷音が梵語の音に比べて弱いためにそれぞれ強く発音することを指示しているのであって、「ハ」も「pの閉鎖を本郷音より強くせよ」の意とも解することができるとする説もある。「加某音」についてはこの他にも種々の解釈が出されており、いまだ結論を得ていない。

もう一つ『日本書紀』に用いられた万葉仮名からする推定も、「ハ」「ヒ」はp、「フ」はΦと見る推定が出されているが、これも結論を得ていない。

〈p→Φ〉変化の原因

〈p→Φ〉の変化についての従来の研究は変化の時期の特定の一点に集中して来た感がある。そこにおいて欠落しているのは変化の原因を考えることであった。中国語においてもp音の一部が軽唇音化してf音になるという変化が起きていることもあって、日本語におけるp音からΦ音への変化もいずれ起きるはずの変化であると考え、原因を考えようとしなかったのではないか。しかし、いずれ起きるはずの変化であったのならば、それは遥か昔に起きていてもよかったわけであるし、遥か後の例えば江戸時代に起きてもよかったことになる。ほかならぬ或る時期にそれが起きているということは起きなくてはならない原因があったと考える必要がある。

そう考えると、ハ行音p音が摩擦音化した原因は、濁音(この場合はバ行音)の前の母音の鼻音化をおいては考えられない。バ行音の前の母音が鼻音化すると、その音~bはマ行音に近づくことになった。〈b→m〉の変化は発音労力の軽減にもかなっていたから変化は進行した。バ行音がマ行音に転化することが多くなると、その唇音性の弱化に牽かれて、対応する清音においてもp音が唇音性を弱めて、Φ音に変化した。

b→m
p→Φ

バ行音とマ行音

右のように考える上で問題となるのはバ行音とマ行音の交替に関する研究が、

奈良時代から平安時代にかけて　　m→b
院政期から鎌倉時代にかけて　　b→m

と捉えていることである。早く起きた変化を〈m→b〉と捉える把捉は私の推定〈b→m〉と相容れない。例えば、b形とm形とがともに奈良時代の資料に見える例は次の例であって、〈b→m〉の変化を積極的に認めるべき例はないとされる。

ウマラ（棘）―ウバラ、ウメ（宜）―ウベ、シマル（縛）―シバル、タコムラ（手腓）―タコブラ、トメ（接尾）―トベ、ナマル（隠）―ナバル、マ（接尾）―バ

「ウメ」（宜）は、〈ウマシ（宜）＋ジ（打消）→マシジ（助動詞）〉との関係から、m形が原形と見られる。「シマル」（縛）も、「シム」（締）「シマル」（締）との関係からm形を原形とする説が妥当な解釈である。

しかし、その他の例は、いずれが原形であるのか決しがたいのではないか。例えば、『万葉集』に「宇万良」（二〇・四三二五、防人歌）が見え、平安時代では「ウバラ」（『本草和名』『和名類聚抄』）「むばら」（『伊勢物語』『枕草子』）であるところから、m形が原形であるとされる。しかし、m形が防人歌の一例だけであるところからは、原形はb形で、一時的にm形が生じていたけれども、原形のb形で安定したという可能性も考えられる。用例が見つかる先後は、数少ない用例であることを考慮すると、確度の高い根拠とはなりにくい。〈b→m〉の変化を積極的に認めなくてはならない例がないのは確かであるが、これだけの用例から〈m→b〉とするのもむずかしい。

平安時代以降の資料に見える例についてはb形とm形が双方向に揺れるから変化の傾向は捉えにくい。平安時代では〈カタムク（傾）→カタブク〉のような〈m→b〉の例が、〈ウソブク（嘯）→ウソムク〉のような〈b→m〉の例に比べて多いとされる。しかし、この現れ方の多寡にはマ行音とバ行音の母集団の大きさを考慮しなくてはならない。

また、変化には単純な音韻変化でないものがあるから、一々検討する必要もある。一例を挙げる。「ツクマウ」（蹲）という語である。

金迦《コンカ》羅《ラ》童子《トウシ》ニケハイツクマテヤルマシキモノヲ（曼殊院蔵『是害房絵巻』一三〇八年）

（現代語訳）金迦羅童子「逃げ這い蹲っても逃がしはしないのだ。」

「ハイツクバウ」は、「ツクバウ」の「ハウ」が這うであることを忘れて、更に「ハイ」（這）を加えてしまったものであろう。m形「ハイツクマテ」への転化には「ウヅクマッテ」の関与があるのではないか。

実際の用例は早く起きていた変化が〈b→m〉であったことを否定するものではない。濁音bの前の鼻音によってそれがmに近づいたことを考えると、〈b→m〉が起きたと考える方が自然である。従来〈p→ɸ〉が原因となって〈b→m〉の変化が生じたとする考えがあったけれども、事実は逆で、〈b→m〉が原因となって〈p→ɸ〉の変化が起きたものと考えられる。

ハ行転呼音

既に見たように、橋本氏は〈p→ɸ〉の変化の時期を推定するためにハ行転呼音に注目した。ワ行音に転じるハ行音はp音よりはɸ音の方がふさわしいから、ハ行転呼音は〈p→ɸ〉の変化の時期の推定に大きくかかわる。その早い例は記紀歌謡に見えるが、訓点資料によれば一〇世紀中葉から見え、一一世紀初頭には完了していたと見られる。

ハ行転呼の原因については、wの方がɸよりも唇の合わせ方が少ないところから唇を合わせる運動を減退させたものと見る見方と、母音に挟まれた無声音ɸが有声化したものと見る見方とがある。ɸ音は唇を狭めるので、後続音がuの時以外は発音の負担が大きい。従って、原因は前者と見るのが妥当である。ハ行転呼が語中・語尾にしか起きていないところからは、有声の母音に挟まれたɸの有声化が原因であるようにも思われる。しかし、ハ行転呼は早くは〈ハツカ（僅）―ワヅカ〉〈ハシル（走）―ワシル〉のように母音に挟まれない語頭にも起きていた。平安時代以降ハ行転呼が語頭に起きないのは、語頭においてはɸとwによって弁別される語が数多く存したからである。

ハシ（橋）―ワシ（鷲）、ハレ（晴）―ワレ（我）、ホカ（外）―ヲカ（丘）、ホル（掘）―ヲル（折）、…

これに対して語中・語尾で衝突する語は、〈アハ（粟）―アワ（泡）〉〈ウヘ（上）―ウヱ（飢）〉〈イホ（盧）―イヲ（魚）〉などで、多くなかった。

バ行転呼〈b→w〉

ハ行転呼音につながる変化としてバ行転呼音とでも呼ぶべき変化があることに触れておく。早い例として明恵上人（一一七三～一二三二）の講義の聞書の一つから引くと次のような例である。

力《（チカ）ラ》　オヨワヌ事ニテアル也。（『解脱門義聴集記』巻三27ウ）

「オヨバヌ」（及）の「バ」が「ワ」に転じている。このような例は室町時代の資料にも散見する。

今、惟高妙安（一四八〇～一五六七）の抄物から若干例示する。

○苔碑―此閣ノ辺ニ石ノ碑ガアルゾ。唐ニハ碑ト云テ石ニテ高クヒロウソトワノヤウニシテ立ゾ。（卒塔婆、京都府立総合資料館蔵『中興禅林風月集抄』34ウ5、石川武美記念図書館本も）

○源氏ノ大-将モ人ノ性ヲ七ノ品ヲエラワレタト云ゾ。（国会本『玉塵』四〇22ウ2、叡山本は「エラハレタ」）

○青奴ヲ女房ニナイテソレガ枕ヲス、メテス〻シウマドロワシメト云タ心ゾ。（米沢本『詩学大成抄』五75オ9、岩瀬本は「マトラワ」）「マドロマシメ」が「マドロバシメ」を経て転化

○釣-針敲クチ 稚-子敲レテ針ヲ 作ス二-鈎一ト （杜）ヲサナイワラウベガ魚ツラウトテ針ヲ石ニアテ、タ、イテマゲテツリワリニシタゾ。（国会本『玉塵』四四50オ6、叡山本は「ツリハリ」）

○折枝―為ニ二長者一ノ―― （老）（右傍に「孟」）子ニアリ。山ヲワキワサンデ海ヲコエ物ノナラ（ヌ）コトニ云タゾ。（叡山本『玉塵』六8ウ10、国会本・東大二本は「ワキハサンデ」）

後の二例は「ツリハリ」「ワキハサム」のハ行転呼の可能性もあるが、ハ行転呼は「千《チ》尋《イロ》」（『詩学大成抄』三50オ1、岩瀬本も）「夜ヒトイ」（夜一日、同岩瀬本五14オ3）などの例外があるものの、複合語の継ぎ目に起きることは一般的でないから、連濁形からの変化であろう。これらの変化はハ行転呼〈ɸ→w〉に牽かれて生起したものと考えられる。

これに対して、次のような例は〈b→w〉の変化が起きたようにも見えるけれども、いずれも原

形は清音で、ハ行転呼〈Φ→w〉の変化と見られる。

○空国ハウツヲナル国ト云心ゾ。（三手文庫蔵『日本書紀抄』32オ4、京大文学部本も）

○因‐目《テメクハセシテ》‐固《ク》留二《ム》――一ヲ余ノ吏ドモ、マタイタホドニソツト目クワセシテ高祖ヲ留ムルゾ。（中略）目クワセテトムルホドニイノコリタゾ。（京大本『史記抄』六9ウ14、古活字版はともに「目クハセ」）

○ツワキ小便ナドハ水大ゾ。（国会本『玉塵』二四27オ10、叡山本は「ハ」とも「ワ」とも読める字形の右傍に「ワ」）

○狼ト云ハ狼ハ頸筋カサシコワツテチツトモタワマヌソ。人ノチツトモ人ニ腰ヲ不レ屈雅意ナコトソ。（蓬左本『蒙求抄』14ウ3）

しかし、そういう中にあって、「コホツ」（壊・毀）「コヲツ」「コボツ」という形で現れる語については、「コホツ」のハ行転呼形「コヲツ」が長音形「コーツ」になるのを避けて、「コボツ」形を生み出したとする説が出されている。妥当な解釈であるが、それがb形であったのはバ行転呼〈b→w〉の変化を利用したものと見られる。

更に時代は下がるようであるが、語頭に〈w→b〉の変化が生じている例も、〈b→w〉の変化と語頭濁音語とを背景に生み出されたものであろう。接頭語「ウッ〜」（打）に対する「ブッ〜」、同じく「オイ〜」（追）「オッ〜」（追・押）に対する「ボイ〜」「ボッ〜」がそれである。「馬鹿」の語源を「若」とする説に従えば、これもその例となるが、語源説の当否が明らかでない。
現代方言に目を向けると、富山県庄川流域方言の〈b→w〉が注目されている（川本栄一郎氏）。
語中・語尾のbがwとなる例が認められる方言（中田ほか）
カワン（鞄）・サワ（鯖）・シワ（柴）・ソワ（蕎麦）…
語頭のwにbとなる例が認められ、語中・語尾のbにwとなる例が認められる方言（島尾ほか）
語頭　バナ（罠）・バラ（藁）・バラビ（蕨）……
語中・語尾　（中田に同じ）
沖縄先島方言で語頭のwが、「バカムヌ」（若者）・「ビー」（亥）・「ブトゥ」（夫）のようにbになっていることは早くから注目されて来た。歴史上に認められる例と方言に認められる例との関係についての解明は今後の課題である。

語頭における〈p→φ〉

〈p→φ〉の問題にもどる。その原因を先述のように考えると、語頭における〈p→φ〉の変化は語中・語尾のそれに遅れたと見られる。しかし、遠く遅れたとは考えにくい。語中・語尾における場合よりも遥か後に生起したと想定すると、その変化が起きた原因が考えにくいからである。語中・語尾における〈p→Φ〉の変化に促されて引き続き語頭においてもその変化が起きたと考える方が自然である。また、連濁を起こしていない複合語、例えば、

ウチハシ（打橋、紀歌謡一二四）・マクヅハラ（真葛原、同一二八）・ミヤヒト（宮人、同七二）・シラヒゲ（白鬚、『万葉集』二〇・四四〇八）

のような語の場合、「シラヒゲ」が、sirapi甲 ge乙であっても、siraΦi甲 ge乙であっても、「ヒ」が語頭であるか語中であるかは複合語を介して連続した存在であったと見られ、語中・語尾にΦ音化が進むと、語頭においてもΦ音化が進んだのではないかと見られる。

右のように考えると、語中・語尾は勿論のこと、語頭における〈p→Φ〉の変化も奈良時代から平安時代初期までには進んでいた可能性が考えられる。〈p→Φ〉の変化の時期を文献資料から確かめられるのは、よく知られているように東禅院心蓮（〜一一八一）の『悉曇口伝』である。五十音の発音法を記した記事の中に次のように見える。

以脣内分《ヲ》上下合之呼a（梵字）、而終開之、則成ハ《ノ》音、自余如上

（現代語訳）唇の内を上下合わせてaを発音し、唇を開くとハの音になる、他の音も同じである

橋本氏は、マの音を「脣《ノ》外分」とするのと比べて、ハ行音を「脣内分」としているところからΦであったと推定した。

p音の残存と新生

日本語のハ行音は大筋ではp→Φ→hと変化したわけであるけれども、p→Φの変化については、すべてのpがΦに転じたわけではなかった。例えば、擬声擬態語「ピーチク」「パラリ」「ピカピカ」などが、ハ行音がp音であった時代から、存したとすれば、ハ行音がΦ音になってからもp音であり続けたに違いない。名詞「ヒカリ」(光)と擬声擬態語「ピカリ」とは、日本語のハ行音がp音であった時代にはともにpi甲kariであったが、名詞の方はハ行音の変化に従って、〈→Φi甲kari→çikari〉と転じて行ったのに対して、擬声擬態語の方はもとのp音のままであり続けたために、二語は異なる語形となってしまったのであろう。『日葡辞書』に「Pararito.l,fararito.」と両形が見えるようなケースは、古いp音形「パラリト」が行われ続ける一方で、一般語においてハ行音がΦ音になったのに牽かれて生じた「ハラリト」形が並行して行われていることを語るものであろう。擬声擬態語のp音は一般に古いp音が残存したものということになる。ただし、ハ行音がΦ音またはh音になった後に造語された擬声擬態語があれば、そのp音は当然新生のものということになる。

他方、「アハレ」「モハラ」の強調形「アッパレ」「モッパラ」などに認められるp音は、後に見るようにΦから新しく生じたものと見られる。現代行われいるパ行音には、古いpが残存したものと、後に新生したものとが存する。

ここでは、パ行音であったことがはっきりと分かる資料として『日葡辞書』（一六〇〇年・補遺〇三年刊）を対象として、p音を整理すると大きく次の四種類に類別することができる。

擬声擬態語・音便・強調表現・漢語

音便の例には次の例が認められる。

	広義の音便	接頭語的
①ハ行促音便		Vopparai, ŏ, ŏta（追払）
②タ行促音便		Vppogaxi, su, aita（打）
③ラ行促音便	Qippa（切刃）、Xipparai（尻払）	
④カ行促音便	Yoppodo（良程）	Fippari, u, atta（引張）
⑤マ行撥音便	Xenpŏ（為方）	Vonpacaxe（御帯刀）

Yoppodoは形容詞の連体形「良キ」に起きており、狭義の音便のように見えるけれども、イ音便にはならず促音便になっているところから見て、これも広義の音便である。広義の音便に促音・撥音が現れるのは、狭義の音便が一般化してから後のことである。接頭語的な促音便はこれも狭義の音便が一般化してから後に強調の意を含めて行われるものである。また、「オホm」「オン」は平安時

代以降の形である。ここに認められるｐ音はΦ音から新生したものと見られる。

強調表現に現れるｐ音

促音挿入による強調表現に認められるｐ音には次の例がある。

〈Φより、単純語〉Gappato（擬態語）・Moppara（専）・Yappare（矢張）・Yapparacaide

〈Φより、複合語・派生語〉APPare（天晴）・Mappadaca（真裸）・Mappajime（真初）・Mappira（真平）・Mappiru（真昼）・Mappucura（真脹）・Yoppitoi（夜一日）

〈ｗより〉 Mapponajiyŏni（真同）

促音便が一般化し、原形と併用されていた時期においては原形に対して促音便形が強い響きをもつものと意識された。この意識によって強調のための促音挿入が生み出された。従って、強調のための促音挿入によって生じたｐ音は、促音便の一般化よりも後に生じたものであって、〈**aΦare → appare**〉のようにΦ音から新しく生じたものである。

ここで問題となるのは、強調の促音が一般化した頃には、ハ行転呼が進行しており、例外的に語中・語尾にハ行音を残す語は限られていたことである。

AFIru（家鴨）・Fafa（母、faua も）・Fanafadaxij（甚）・Afure（溢）

しかし、複合語と派生語の場合には、ハ行転呼を起こさないのが一般であったから、Φ音をとどめている語は少なくなかった。『日葡辞書』には見えないけれども、「ソリハ」(反り歯)はハ行転呼を起こさず「ハ」で、その形から「ソッパ」が容易に生まれた。また、単純語またはハ行転呼の進んだ複合語の場合にはｗからｐを生じる可能性が考えられる。複合語・派生語の例であるが、右に見える「**Mapponazi**」のように、ｗからｐが生じることがあった。「シッポ」(尻尾)「ミトッポ」(水戸男)もその例である。**Gappato** は **Gafato** から生まれたが、**Yappare** は **Yauara** の変化形から生まれたのであろう。また、「アッパレ」は、先に **aφare** から生まれたと見たが、**au̯are** から生まれた可能性もある。

漢語に現れるｐ音

入声音に続くｐ音には二種のものがあり、次の形をしている。

ｐ入声音　促音形**-pp-**　**Iippŏ**(十方)・**Fappi**(法被)

ｔ入声音　促音形**-pp-**　**Buppô**(仏法)・**Ippai**(一杯)・**Ippon**(一本)・**Nippon**(日本)

日本語に存しない入声音は開音節化して受け入れた。ただし、入声音に同一の子音が続く**-pp-**、**-tt-**、**-kk-**は促音として受け入れられた可能性が考えられる。しかし、日本語に促音が成立するのは狭義の音便が進行してからのことであって、それ以前に受け入れられた漢語の入声音は右のケースでも開音節化されていたと考えられる。例えば、「十方」という語が早く受け入れられていたとすれば、それは zipupau で受け入れられ、後 zippau に転じたと見られ、古い p が残存している例ということになる。もし日本語に促音が確立した後に受け入れられた漢語に-pp-または-pφ-の語があれば、それは原形をとどめるものではあるけれども、新しく生じたものである。

撥韻尾に続く p 音にも二種のものがある。

m 撥韻尾＋ 撥音形-mp- Sanpai（参拝）・Sanpucu（三伏）…

n 撥韻尾＋ 撥音形-np- Bunpit（文筆）・Sonpi（尊卑）…

日本語のハ行音が p で、撥音 m・n が成立する以前においては、中国から受け入れた形は、開音節化した samipai・Bunipitu であった。これが後に音便を起こした形が現代の形であるから、ここに認められる p は古いものの残存ということになる。中国において軽唇音化が進んだ後、日本語のハ行音が φ の時に入って来た語は、-mp-、-np-、-mφ-、-nφ-で受け入れられ、後、ともに-mp-、-np-になったと見られる。前二者は原形の p をとどめるけれども、成立としては新生のものである。

ニホン（日本）とニッポン

「日本」という国号は、大宝令において正式に定められ、大宝二年（七〇二）の遣唐使が用いて、これを則天武皇が承認したものであるが、それよりも早くから中国において用いられていたものである。「日本」という語は倭習漢語であるとする説もあるが、漢語としてあり得ないものではない。この見解に従えば、「日本」という語は **nitpon** であり、中国人に対する時はその形で発音したであろうが、国内においては開音節化して **nitiponi** で受け入れていたものと見られる。それが八世紀後半から九世紀初頭以後になって、ハ行音の摩擦音化が進むと、**nitiɸoni** に転じた。そして、**t — ɸ** の連続が音便を起こすようになると **nippon** の形となった。狭義の音便の進行によって撥音も日本語の音韻に加わっていたから、**poni** の部分も **pon** となった。

促音を含む漢語から非促音形を生み出している例に次の例がある。

mikkan（蜜柑）→ **mikan**、**rissu**（栗鼠）→ **risu**、**zappit**（雑筆）→ **zaɸit**

これらは漢語を日本語らしい形にするために生み出されたものであろう。一方、漢語に促音を挿入して強調した例も認められる。『片言』から二三例示する。

○ある人の奴婢《ぬび》をしかるとて。がつきめといへりしを。餓鬼《がき》とこそいふべけれと。老師《らうし》ハ宣《のたま》へり。

○物のせまりをぜつぴといふこと葉ハ。是非《ぜひ》といふ心歟。とにかくにぜつぴハ浅《あさ》ましき俗語《ぞくご》成べし。

○奇恠《きくハい》を　。きつくわい

これらを見ると、「ニホン」という形は、一つに強調形に対する普通形として、もう一つには自国の国名を日本語らしい形にしようとして、生み出されたものと見られる。

パ行音の成立

ハ行音の摩擦音化が進む中にあって古いpが残存するケースがあったが、新しいɸと古いpとは大きく捉えて次のような分布をしていた。

（表）ɸとpの分布

語頭		ɸ p（擬声擬態語）
語中・語尾	促音・撥音以外の後	ɸ
	促音・撥音の後	p

擬声擬態語を除くと、ɸとpとは相補分布をしていた。擬声擬態語は言語音と非言語音の境界にあるものとして音声のレベルの存在となり、ɸとpとは音韻としては/ɸ/という存在になっていた。ところが、p音が多量に新生され、無視し得ない存在となって来た。「タンポポ」（蒲公英）の後の「ポ」のように促音・撥音の後以外にもp音が現れる語も生まれた。p音を含む擬声擬態語も多量

に増え、中には、「Pararito. l, fararito」(『日葡辞書』)のようにｐ形とɸ形とが並存する語も多く生まれた。普通語においても、「Ixxinpuran. l, ixxinfuran」(一心不乱)(『日葡辞書』)のように同じ音声的環境でｐとɸとが現れる語も生まれた。天草版『伊曽保物語』には助数詞「匹」が現代語と同じようにヒ・ピ・ビの三形で見える。

〈ɸ〉Nifiqi(二匹)・xifiqi(四匹)、〈p〉yppiqi・ippiqi(一匹)、〈b〉sanbiqi(三匹)

ｐ音はもはや無視できない存在となり、パ行音が一つの音韻として確立することとなった。そうすると、これを表す表記法を必要とすることとなり、半濁音符が生み出された。

/ɸ/から/h/への変化

ɸの音は、言われているように発音労力がかかるため維持しにくい音であった。そこにｐが新しく音韻として加わると、濁音ｂに対する清音が二つ存することとなり、不安定な関係となった。濁音の前の鼻音が失われ、~ｂがｂになると、ｐとɸにも影響が及び、ɸがｐになろうとする動きが生じ、他方で両音を異なる音として維持しようとする動きも生じた。更に、後に見るところであるが、エ・イ段音が口蓋化していたことも、ɸの調音点を後方に動かし、ｈ・çに転じさせる力となったものと見られる。こうして、本土方言では室町末江戸初期にɸは両唇の摩擦を省き、ｈ

（ハ・ヘ・ホ）に転じて行った。

沖縄方言のハ行音p

現代沖縄方言の多くの方言でハ行音がp音であることは早くから注目されて来た。沖縄出身の伊波普猷氏は本土方言における古いp音が沖縄方言に残っているとして次のように記している。

Pから F へそして F から H へと国語が二三千〔年〕間に進んだものが、現在南島に縮写されてゐる（「琉球語の母音組織と口蓋化の法則」）

このような見方は殆どそのままごく近年まで引き継がれて来た。

いうなれば、日本本土において、文献時代以前の古代語から現代諸方言に至るまでの十余世紀の間、営々として変化してきたハ行音の相が、実に現代琉球方言の中に縮図的に写し出されているわけである。（中本正智『琉球方言音韻の研究』176頁）

しかし、私の素朴な疑問は、本土方言において何世紀にもわたって起きた〈p→ɸ→h〉の変化のすべての形が沖縄方言という一小方言に保存されているというのは不自然なのではないかということである。狭い沖縄本島方言に限ってもすべての形が分布しているのである。しかも、語中・語尾のハ行音の方は、本土方言と同じくハ行転呼を起こして、ɸを経てwに転じているのである。

沖縄方言の語頭のハ行音もΦになっていたと見るのが自然なのではないか。

既に見たように音便が一般化し、それに促されて強調の促音が生まれ、漢語にも多量の促音・撥音の語が生まれると、p音が無視し得ない存在となり、p音が日本語音韻体系の中に加わることとなった。本土方言では擬声擬態語を除いては語中の促音・撥音の後のΦがp音になったが、沖縄方言においては語頭のΦもp音に転じることとなったのであろう。既に見たようにΦの音はhに転じて行く方向にあった。それにもかかわらず、沖縄方言のある方言において語頭のΦがhに転じることができなかったのは、カ行音がhに転じて、その位置を占めていたからである。沖縄方言におけるハ行音とカ行音との関係について服部四郎氏は次のように指摘している。

　*kが/h/に変化した場合に、*pが更に/h/に変化することがくいとめられた蓋然性が大きい。（『日本語の系統』283頁）

しかし、カ行音がΦの位置を占めていたからハ行音がΦに変化することがくいとめられ、pでとどまったというのならば理解できるけれども、カ行音はhの位置を占めていたのであるから、ハ行音は本土方言と同じくpからΦに変わり得たことになる。

私の解釈では沖縄方言におけるハ行音の変遷は大きくは次のように示されることになる。

p → Φ → p（カ行音がhになっている方言）
　　Φ → h（カ行音がkである方言）

このような関係と見てはじめて、沖縄方言という一方言にΦ・p・hの音が存在することが無理なく理解できる。沖縄方言におけるハ行音とカ行音との関係を中本正智氏の調査結果を利用して大まかに表示すると次のようになる。

(表)沖縄方言におけるハ行音とカ行音

	奄美	本島北部	本島南部	宮古・八重山	与那国
ハ行	h	p	h	p	h
カ行	k	h	k	k	k

宮古・八重山方言では、カ行音がkのままで、ハ行音がpになっている。そのような方言には、ほかにも沖縄本島北部方言と南部方言の境界に位置する恩納方言や、本島南部の津堅島方言がある。宮古・八重山方言などでは、カ行音のh音化が進む中で、ハ行音Φが行き場を失ってpとなる一方で、進行していたカ行音のh音化が立ち消えになった方言なのであろう。ハ行音とカ行音との対応関係に、h―k、p―hのほかにp―kがあっても不思議ではないのである。ともにhになることだけは避けられている。

なお、〈Φ→p〉の変化が起きた方言の中にはこれに牽かれて〈w→b〉の変化が起きている方言も少なくない。先には〈w→b〉の変化をバ行転呼音の影響下にある変化として注目したが、もう一つここに見た力も働くことがあったことが分かる。

一五　促音便と舌内入声音（t入声音）

t入声音

狭義の促音便の生起とそれによって生まれた促音については既に関連するところで扱って来たが、あと残されている問題に舌入声音（以下t入声音と呼ぶ）の問題がある。狭義の音便が生起せず、従って日本語にまだ促音が存しなかった間は、中国語からの入声音-p・-t・-kはいずれも開音節化して受け入れていた。そして、やがて促音便が生起すると、その形は促音形を生じた。入声の子音と同じ子音が後続する場合を例示すると、次の通りである。例として挙げた漢語は仮にその語がその時代に受け入れられていたと仮定したものである。（）内は日本人に聞こえたであろう音である。

p入声　（gappei）（合併）→gapupei→gaɸuɸei→gappei

t入声　（bettaku）（別宅）→betitaku→bettaku

k入声　（akkou）（悪口）→akukou→akkou

後続する子音が、入声のそれとは異なり、清音である場合は、同一子音の場合よりは遅れて促音形を生じた。ただし、k入声音の場合にはこの条件では促音形を生じなかった。

p入声　（papto）（法度）→paputo→ɸaɸuto→ɸatto

t入声　（nitpon）（日本）→nitiponi→nitiɸoni→nippon

k入声　(pakpat)(白髪)→pakupati→ɸakuɸati→ɸakuɸatu

日本語に促音が成立し一般化した後に受け入れられた入声音は、開音節化しないで、促音形で受け入れられた可能性が考えられる。p入声音の例で示す。

p入声　(ɸappi)(法被)→ɸappi

そして、後続する子音が清音以外の場合には、いずれの入声音の場合も促音形を生じなかった。しかし、p入声音とk入声音とが開音節形であるのに対して、t入声音の場合には入声音のまま室町時代まで行われていたとされている。

p入声　(papdan)(法談)→papudan→ɸaɸudan→ɸaudan

k入声　(pakba)(白馬)→pakuba→ɸakuba

t入声　次項参照。

『天草版伊曽保物語』のt入声音

室町時代末期に成立した『天草版伊曽保物語』に見えるt入声音出字音の様子を整理して示すと次頁の表の通りである。

yttan(一旦)とsonxitto(損失と)とは、子音重ね表記ともt表記とも見ることができるが、子音重ね表

（表）『天草版伊曽保物語』に見える舌内入声音出自音（用例数の左に具体例を一例示した）

位置		後続音	子音重ね表記	t表記	開音節形
語中		清音	33語65例 icçô（一向）		4語6例 ychquã（一巻）
		ラ行音		1語1例 xutrai（出来）	
		アヤワ行音			3語5例 ychiya（一夜）
		濁音		4語7例 votdo（越度）	7語33例 ychidaiji（一大事）
		ナマ行音		1語1例 betnin（別人）	7語15例 ychinin（一人）
語末	文節中	清音	1句1例 sonxitto（損失と）		1句2例 daiichito（第一と）
		アヤワ行音		12句23例 gofunbet are（御分別あれ）	4句9例 connichi yori（今日より）
		濁音		3句4例 nimotga（荷物が）	
		ナマ行音		21句38例 betni（別に）	10句10例 bechini（別に）
	文節末	（無し）		14語21例 qenjit（兼日）	2語3例 mainichi（毎日）

記と解した。後続音が無声音である場合、後続音に同化して、ikko:（一向）ippai（一杯）のように促音になるが、後続音がtの場合には同化を起こす必要がなかったということだからである。『天草版伊曽

保物語』の和語の促音と漢語の舌内入声音出自音との表記を大きく把捉すると、次表のようになる。

（表）『天草版伊曽保物語』の和語の促音と漢語の舌内入声音出自音との表記

和語（促音）	後続音清音	子音重ね表記
漢語（舌内入声音出字音）	後続音清音	子音重ね表記
	後続音濁音	t表記
	後続音その他	t表記

この表記方式はキリシタン資料一般が原則として行うところであって、主としてこの表記方式から我々は濁音が後続する場合のt表記、更にはt表記一般を舌内入声音を表すものと解して来たのであった。しかし、度々繰り返して来たように、日本語の音韻体系の中に存しない外国語音をそのまま受け入れることは原則としてないと私は考える。そのように考えると、右に見えるt表記は、t入声音を表すものと解してよかったのかという疑問が生じる。t表記された例は、江戸時代以降「シュッライ」（シュッタイとも）を除いて「オチド」「ベツジン」「ゴフンベツアル」「ニモツガ」「ベツニ」「ケンジツ」のように開音節形となる。そのことをも考慮しながら考察を進めなくてはならない。

t表記は促音を表す——後続音が濁音・清音である場合

『天草版伊曽保物語』については右述の表記方式となっているが、資料を拡げると、劣勢ながら濁音が後続する舌内入声音出字音を子音重ね表記した例があり、両表記を並記した例もある。

Bazzui（抜髄）、Fiddai, l, fitdai.（筆台）（以上『日葡辞書』）

そして、逆に清音が後続する舌内入声音出字音をｔ表記した例も、これも劣勢ながら散見し、両形を並記した例も存する。

Baxxi, suru, ita, l, batsuru.（罰する）、Metqiacu. l, *potiùs*. Mecqiacu.（滅却）、（以上『日葡辞書』）、

ytsacujit（一昨日）（yssacujit も『天草版平家物語』、『日葡辞書』は Issacujit）

例えば、「滅却」という語に、促音形 mekkjaku（Mecqiacu）と入声音形 metkjaku（Metqiacu）という二つの語形が行われていたとは考えにくい。日本語として発音すれば、いずれも促音になったはずである。tk という子音の連続が日本語で許されていたとは考えられないからである。『邦訳日葡辞書』は「滅却」の項を「または、Mecqiacu（滅却）とも言い、むしろその方がまさる。」（傍点柳田）と訳し、舌内入声音形と促音形との二つの語形が存したと解するけれども、これは促音を表す二つの表記法を示すものと解すべきである。「l」で繋がれた二形が表記法の違いを表す例は、「Qeô. l, qiô」（興）「Soreacu. l, soriacu」（疎略）など少なくない。このように解して、唇内入声音・喉内入声音出自の促音や和語の促音の場合にも子音重ね表記とｔ表記とが行われた例があることもよく理解できる。

Cat-chŭ（甲冑）（『サントスの御作業の内抜書』の和らげ、『日葡辞書』は cacchŭ）

Atqet（悪血）、（『日葡辞書』Acqet を見るよう指示）、Atqi（悪鬼）、（同前 Acqi を見るよう指示）

Matsuguni（真直）（ロドリゲス『日本大文典』、『日葡辞書』は massuguna）

「Fiddai, l, fitdai.」（筆台）の例もともに促音を表すものと解すべきであろう。ただ、この場合には、現代日本語において、外来語を除いては、濁音の前に促音が立たないという事実があるから、説明が必要である。現代日本語の共通語をはじめとする多くの方言で、濁音の前に促音が立たないのは、室町時代まで濁音の前の母音が鼻母音であったために濁音と促音とが両立し得なかったことに起因すると考えられて来た。しかし、濁音の前に促音は立っていたのではないか。促音は、発声器官のどこかを閉鎖し、又は狭めて、一拍休む音であるから、「筆台」の場合、次に発音するdの構えで一拍休むのであるから、それは声を伴ってなく、tである。tの前の母音は鼻母音である必要はなかった。fitdai（筆台）は促音 ɸitdai であり、metbŏ（滅亡）は後続音に同化して mepbo: と実現し、pの前の母音は鼻母音である必要はなかった。

このように解すると、漢語には濁音の前に促音が立つ例が普通に存したことになる。それならば、和語にも濁音の前に促音が立つ例が普通に存してよいと考えられる。その目で見ると、キリシタン資料には「Tetdai」（手伝）「Zozo. l, Zozzoto.（中略）Zozzoto samŭgozaru.」（『日葡辞書』）の例が見える。しかし、見えるとは言うものの、二例と例が少ないのはなぜなのであろうか。「テツダイ」の場合、母音の並びは音便を起こすそれであるけれども、tetŭdai と濁音の前の母音が鼻母音であったから、後続音が清音の場合の音便とは事情が異なる。この場合、母音が脱落した後の形にも鼻音性が残ろうとするから、その鼻母音が促音を拒絶した可能性が考えられる。Tetdaiは、語構造が漢語に似るためにそれに牽かれて起きた特殊な例である可能性が高い。この語が舌内入声音の開音節化した形「手チダイ」(『教言卿記』(応永一三年八月二三日)など)という形を持つことからもそう考えられる。ただし、このような音の並びをした語自体が和語に少ないために例が少ない可能性も残り、今後の検討を必要とする。一方、Zozzotoは、ザ行音の前の例であるから、鼻音が失われていたために生じた形とも考えられる。また、非言語音との境界にある擬声擬態語の例であり、しかも表情音の有無であるから、これも特殊な例と見るべきか。濁音の前に入る表情音は撥音であるが、Pappato、Sossotoなどの促音による強調形に牽かれて生まれたものであろう。濁音の前に促音が立つことはできたけれども、それをわざわざ生み出すということは一般的ではなかったものと見られる。

t表記は促音を表す——後続音がその他の音である場合

直前の母音に鼻母音を求める点で濁音と同じ事情にあるナマ行音が後続する語、Betnin(別人)やButmo(仏母)(『日葡辞書』)なども右と同様に促音と見られる。betnin・bupmoが実現していたと見られる。ただし、語末で文節中のnimotno(荷物の)tŏmotmo(唐物も)などは後述の語末の促音として実現していたかも知れない。

xutrai（出来）は、同化〈t—r→rr〉が起き、促音となっているものと見られる。ただ、rrの音は閉鎖が十分でないために、安定したttに変じやすく、江戸時代に入ると「シュッタイ」の形が実現する。これは、マッハダカ（真裸）がマッパダカ（『史記抄』『日葡辞書』）に、マッオナジ（真同）がマッポナジ（『日葡辞書』）に転じるのと同じ変化である。

後続音がアヤワ行音である例は、『天草版伊曾保物語』には語中の例としては開音節形しか見えないが、『日葡辞書』にはｔ表記の例も見える。

〈ア行音〉But-i（仏意）Batacu（罰悪）ほか、〈ヤ行音〉Betyô（別用）Matyô（末葉）ほか、〈ワ行音〉Butuon（仏恩）Ietvon（舌音）〉

この場合には、促音の実現が不安定であるために「ブッチ」（仏意）「コンニッタ」（今日は）のように連声を起こすことがあった。ロドリゲス『日本大文典』（土井忠生氏訳本六三七頁）が記すように、Connitua は Connitta と発音されることがあった。

このように見てくると、後続音が無い、文節末の舌内入声音出自音も促音であったと見るのがよいと考えられる。後続音が無い文節末の例は副詞や助詞を伴わない名詞の例である。

○ qenjit（兼日）申し合はせうずる証として（『天草版伊曾保物語』456・8）

○ funbet（分別）なければ（同463・5）

例えば Funbetxa（分別者）はｔ表記しているけれども、一語であるから一続きに発音され、促音に実現していたと見られる。ここからfunbetが語末の促音として捉えられることは自然なことであった。その上、既に指摘されているように語末の撥音も語末の促音の成立と安定とに力があったと見られる。

Ban（晩）・Canji（感じ）・Finnin（貧人）・Taixen（大船）…

Bat（罰）・Caxxi（渇し）・Fitmet（必滅）・Taixet（大切）…

ここでもう一つ注目されることは、漢語の影響を受けたものではあるけれども、和語にも「シモト」（笞）の転化形「シモツ」からXimot（『日葡辞書』）が生まれていることである。これは語末の促音であり、漢語の語末のｔも促音であったことを物語っている。語末の促音の音価は明らかでないが、感動詞「アッ」（『日葡辞書』）がひどく驚いた時に〔ʔ〕で実現したほかは〔t〕で実現し、時に閉鎖が不完全な〔T〕の場合もあったかと見られる。

促音表記二種の使い分け

右述のようにキリシタン資料に見える、和語の促音も漢語の舌内入声音もともに促音であったと解すると、次に問題とすべきは、キリシタンが、なぜ促音の表記に二つの表記法を用いたのか、そして、それらを先のように使い分けなくてはならなかったのかということである。右に見たように、後続音が、ナ・マ行音である場合と、アヤワ行音である場合と、後続音が無い場合とでは、子音重ね表記ができないために、日本人の仮名表記にならって、「つ」に当たるｔ（ロドリゲス『日本大文典』土井忠生氏訳本二三一頁）で表記したものと解される。

問題は、後続音が清音の場合と濁音の場合とには二つの表記法のいずれもが可能であり、現に、一方が劣勢ではあるものの、両表記が行われているにもかかわらず、先のような方式を行っていることである。漢語の場合にｔ表記を行うことがあるのは、その方が有効な表記である場合があるからであろう。「別」を例に取って言えば、子音重ね表記をすると、

Beppucu（別腹）・Bettacu（別宅）・Beccaqu（別各）

のように同一漢字「別」が様々な形となる。それに対して、ｔ表記を行えば、

Betdan（別段）・Betji（別事）・Betri（別離）

のように同一漢字であることを表示できるということである。キリシタンはここでも撥音〔m〕と〔n〕とを漢語についてはｎで表記したのと同じ選択をしているのである。

それならば、後続音が清音である場合にもｔ表記で統一した方がよいように思われるけれども、ｔ表記をすると、喉内入声音の場合にこれと開音節形とが同一性を失うという不都合があった。

ｔ表記＝　Atqet（悪血）・Atqi（悪鬼）
子音重ね表記＝Acqet（悪血）・Acqi（悪鬼）…
開音節形＝　Acufit（悪筆）・Acufô（悪法）…

和語の場合にも後続音の違いによって同一語の促音表記が変わって来ることがある。

Fippari（引っ張り）Ficcacari（引っ掛かり）Fixxime（引っ締め）…

Mappadaca（真っ裸）Massuguna（真っ直ぐ）Maccurona（真っ黒）…

しかし、これらは接頭語的で、強調に主眼があり、同一語であることを表示する必要性が弱かった。

『教行信証』から

次に、右述の解釈が国内側の資料についても認められるかどうかを、鎌倉時代語資料、東本願寺蔵『教行信証』を対象に検討する。漢文訓読の場では舌内入声音が外国語音としてそのままの形で読まれていた可能性もあるから、日本人が日本人の読者のために書いた資料としてこの資料を選んだ。この資料の墨筆・朱筆における促音と舌内入声音出自音の現れ方を整理すると、若干の例外を除いて表のようになっている。例外というのは、副詞に挿入された強調の促音「専《モムハラ》」「精《モンハラ》」、接続詞「仍《ヨンテ》」のム・ン表記（若干例）、広義の音便「欲《ホッスル》」のツ表記（一例）である。チ表記とツ表記は、既に指摘されているように主母音の違いによって分用するという原則によりながら、若干の混用が認められるというものである。従って、チもツも同じ音を表すものと見られる。この表記法からは、漢語の舌内入声音出字音が後続音の如何にかかわらずすべて入声音であったと解するのが

（表）『教行信証』の和語の促音と漢語の舌内入声音出自音との表記

和語・漢語	後続音	表記	例
和語（促音）	清音	零表記	持《モテ》・為《ナテ》・遇《アテ》・謹《ツシテ》
漢語（舌内入声音出自音）	清音	チ・ツ表記	絶《セチ》対・乞《コチ》加・窟《クツ》宅・述《シユツスル》
	濁音	チ・ツ表記	遏《アチ》絶
	その他	チ・ツ表記	悦楽《エチラク》・疾疫《シチヤク》・奪《タチ》命・擅越《タンオチ》

自然のように見える。しかし、そう解した時には、後続音が清音の場合においてキリシタン資料が促音であることとの違いがなぜ生じたのかを説明しなくてはならない。一方、漢語の舌内入声音出字音が後続音の如何にかかわらずすべて促音であったと解すると、和語の促音との表記法の違いがなぜ生じたのかを説明しなくてはならない。先ず、前者の問題から考えると、後続音が清音である場合の舌内入声音出字音をはじめ入声音のままで受け入れていて、『教行信証』はそれを反映しており、キリシタンの頃には促音化していたと考えれば、説明はつく。撥音の場合を見ると、はじめ、ｍとｎとの別が存したが、やがて後続音に同化されて、区別が失われる。

samnan（三男）→ sannan　kuanmon（関門）→ kwammon

これと対比すると、舌内入声音もはじめｔで受け入れられた可能性を考えてみなくてはならない。

ketkou（結構）→ kekkou　kapsen（合戦）→ kassen

しかしながら、撥音と入声音とは事情が異なる。mとnとは和語において二つの音が生まれていた。また撥音は入声音に比べて一音節としての独立性が強いから、mnのような連続が可能であった。これに対して、入声音の場合は、和語において促音tとpとが音韻として区別されることはなく、また、一音節としての独立性が弱いから、tkのような連続は許されなかった。外国語音tkがkkで受け入れられるようになる(例、「滅却」など)のは平安時代に入ってからである。

要するに清音が後続する舌内入声音は促音で受け入れられていたと考えられる。それであれば、同じチ・ツ表記のそれ以外の場合も促音であったと見るのがよい。そう解した時に問題となるのは和語と漢語との表記の違いということになる。後者の問題である。これは促音表記が段階を追って確立したことから来ていると説明できる。新しく生じた促音は、はじめ零表記で、やがてム・ンを流用するが、いずれも望ましいものではなかった。他方中国語学習の場で舌内入声音の表記法が生まれ、次のような段階を経て、促音の表記法として確立して行った。『日本語の歴史1』40頁。

中国語学習の場で舌内入声音を表記する段階…寄生母音を意識して、主母音の違いによって、チとツとを分用

舌内入声音を促音として受け入れ、これを表記する段階…右の表記法を流用

狭義の音便を中心とする和語の促音を表記する段階…漢語の促音表記がツ専用となって、これを採用(チ・ツ分用表記では促音表記が「モチテ」(持)となり、原形と区別できない。)

『教行信証』の促音表記は第二段階にあって、第三段階に踏み出した姿(「欲《ホッスル》」)を示す。

濁音・ナマ行音・アヤワ行音が後続する促音と語末の促音との衰退

右述のように促音として受け入れていた舌内入声音のうち、濁音・ナマ行音・アヤワ行音が後続する促音と、語末の促音とが、江戸時代以降開音節形に取って代わられるのはなぜなのであろうか。「ヒッダイ」(筆台)を例にとって考えると、狭義の音便の一般化によって促音が一音節として独立したから、これらの語は四音節 ɸi・t・da・i であった。従って、促音tの前の母音iは口母音であった。ところが、促音の独立性には弱い面があり、ɸit・da・i になりやすく、**Mican**(蜜柑)・**Risu**(栗鼠)・**Cojiqi**(乞食)(『日葡辞書』)のように促音が脱落することも生じていた。そのため濁音dの前に母音が位置しているかのように意識され、ɸit の母音iが鼻母音に実現した。舌内入声音の発音を謡曲の発音によって、「鼻的破裂音」(橋本進吉氏)「一種の鼻的破裂音ともいうべきもの」(岩淵悦太郎氏)「〔t̃〕という鼻的破裂音の一種」(同)と捉えて来たのは、右のような事情によって生じた鼻母音であった。舌内入声音について論じる早い論文が、それがなぜ「鼻的」であるのかを明確に捉えていなかったところに問題があった。これは、『音曲玉淵集』が濁音・ナマ行音が後続する場合のt入声音出自音に限って「呑む」と言っているのに対して、現代に伝わる謡曲の伝承音が、ラ行音が後続する場合の一部や語末で文節末の場合にまで広げて、「呑む」発音をするために曖昧な把握とならざるを得なかったのである。「筆台」に例をとれば、この語はɸĩdaiとɸitdaiの二形に分裂して実現したと見られる。これを解消するために行われていたのが開音節形であった。先の表に見るように濁音・ナマ行音が後続する場合に開音節形が比較的多かった。このことは促音形が開音節形に取って代わられる原因がこの部分にあったことを裏付ける。原因をこのように解してよいならば、その時期は、促音が一般化し、鼻母音が盛んに実現していた時期ということになる。ロドリゲス『日本大文典』によれば、室町時代末期には鼻母音の衰退が進行していたと見られるから、それよりも早い時期ということになる。従来は概説書などでも室町末期に開音節化のきざしを認め、その進行を示す資料として『捷解新語』に注目して来たが、キリシタンの頃には開音節形の使用が拡大していたと見なくてはならない。

なお、開音節形使用の方向とは別に、kupbuku（屈服）→kuppukuのように濁音を清音に変える方向の変化によって、問題を解消しようとする動きもあった。目を方言に広げると、テッダイ（手伝）をテッタイと言う方言、「エライコッチャ。」（えらいことぢゃ）「ソーユーコッテス。」（そういうことです）という方言も少なくない。上村孝二氏は「テットー」（鉄道）「コッコ」（国語）「アッカ」（秋が）「イッキレ」（息切）を報告する。これらの方言がどのように分布し、それがどのような史的位置にあるのかについて、今筆者は論じる用意がない。

アヤワ行音の前の促音ならびに連声形が開音節形に取って代わられるのは、促音形が不安定な形であり、連声形が語形の損傷を来《きた》しているからであろう。例えば、「仏意」は、「ブッイ」では発音しにくく、「ブッチ」では意味を喚起しにくかった。そのため、濁音・ナマ行音の場合に開音節形に代わって行くと、この場合も開音節形に代わって行ったのであろう。語末で文節中の促音にも語中の場合と同じことが起きた。この場合の促音が開音節形に取って代わられるのは、促音の一音節としての独立性が弱いことによる。語末の撥音にも支えられて存立していた語末の促音であったけれども、濁音・ナマ行音が後続する場合に促音形が開音節形に取って代わられるようになると、ここにも同じ交代が進行した。140頁の表では、語末（文節中）と語末（文節末）の場合には開音節形が多くなかったが、『日葡辞書』掲出語を見ると、例示することを省略するが、開音節形がかなり多い。室町末期にはそれらの場合でも開音節形が多くなっていたのであろう。

連声

先に、t入声音にアヤワ行音が後続する時、「今日は」がkonnitta（コンニッタ）という形で行われることがあったことを記した。促音は後続の音の口構えをして一拍分休む音であるから、後続音が閉鎖音である方が安定する。konnittaは、konnitu̧aが不安定な形であるためにtを挿入して安定させたものである。そこに引いた「But-i」(ブッイ、仏意)(『日葡辞書』)も「仏意《フッチイ》」(『音曲玉淵集』)の形でも行われていた。このような現象は連声と呼ばれている。

連声はm韻尾・n韻尾にも起きていた。「サンミ」(三位)「オンミヤウジ」(陰陽師)「クワンノン」(観音)「インネン」(因縁)「ニンナウギヤウ」(仁王経)などでよく知られている。m・n撥音にアヤワ行音が続く場合になぜ連声が起きていたのであろうか。m・nは、促音に比べて独立度も高く、促音の場合のように後続音に閉鎖音を求める必要はないように思われる。しかし、現代語におけるアヤワ行音が後続する「サンイ」(三位)「ケンアク」(険悪)などの「ン」を観察してみると、この場合には、後続音に合わせて「ン」の方が閉鎖を伴わない音となっている。mとnとが区別されている間は、撥音は必ず閉鎖をしなくてはならなかった。閉鎖した後、閉鎖しない音を一続きに発音するのは多くの発音労力を必要とするため、連声が起きたものと見られる。mとnの区別が失われると、「ン」は閉鎖を必要としなくなり、連声も起きなくなって行った。mとnとの区別がなくなった後も連声が起きており、「陰陽師」「vonmhŏji」(『羅葡日対訳辞書』)のような例も生じている。これはmとの区別がなくなった後も閉鎖の[m][n]が行われていたからである。撥音の連声は、江戸時代に入っても、古い連声形の残存例のほかにも、新しく生まれていたと見られている。

これに対して、t入声音の連声形は、「雪隠《セッチン》」のように古い連声形が残存することはあったけれども、古くから促音形とともに併用されていた開音節形の方で安定した。

一六　ウ音便・イ音便と長音

音便と長音—室町時代の長音

我々は第七節において古代語の長音の転換について考えた。ここでは近代語の長音に光を当てる。室町時代末期の京畿の言葉に存した長音をキリシタン資料を中心に類別すると、次の例が存する。

和語

〈活用語の活用語尾を中心に生じた長音〉

①音便（後述）

②動詞未然形＋推量の助動詞「ウ」　読まう（yomŏ）・上げう（agueô）・亡べう（forobeô）

③ハ行四段動詞終止連体形　思ふ（vomô）・食ふ（cŭ）・言ふ（yŭ）

④ハ行下二段動詞終止連体形　憂ふる（Vreôru）・与ふる（atŏru）

〈その他〉

⑤名詞　公（Vôyaqe）・大方（Vôcata）・商人（aqiŭdo）

⑥感動詞　ハア（Hà）・アア（Aa）

⑦その他　ござある（gozàru）・ざ（←ズハ）

漢語　相当（Sŏtŏ）・朝（chô）・風景（Fŭqei）・流水（Riŭsui）

近代語の長音が規則的かつ大規模に生じたのは①であって、ここに生じた長音の枠組みがその他の長音をも規定した。ここに生じた長音は語幹を保持して二音節であった。母音は語幹末母音。

ハ行動詞

a	習ひて→	narɔ:te	オ段開長音	o	拾ひて→	ɸiro:te	オ段合長音
e	憂ひて→	ure:te	エ段長音	u	食ひて→	ku:te	ウ段長音
i	言ひて→	ju:te	ウ段長音				

バ・マ行動詞

a	畳みて→	tatɔ:de	オ段開長音	o	望みて→	nozo:de	オ段合長音
e	憐れみで→	auarjo:de	オ段合長音	u	進みて→	susunde	原則として原形
i	悲しみて→	kanasju:de	ウ段長音				

カ・ガ行動詞

i	聞いて→	ki:te	イ段長音

形容詞連用形

a	暗く→	kurɔ:	オ段開長音	o	黒く→	kuro:	オ段合長音
e	繁く→	sigjo:	オ段合長音	u	古く→	ɸuru:	ウ段長音
i	嬉しく→	uresju:	ウ段長音				

形容詞連体形

i　嬉しき→　uresi:　イ段長音

室町時代末期の京畿では、オ段開長音・オ段合長音・ウ段長音・イ段長音が生まれた。漢語の長音もこの枠組みで存立することとなり、イ段を除く三種の長音を有することとなっている。

右の整理について二つのことを確認しておかなくてはならない。一つは、ウ段長音が生じる「進ム」が原則として原形であることについてである。ここからは二音節のウ段長音が生じなかったのではないかという疑いが生じるけれども、早く起きたハ行動詞の場合には「食ウテ」をはじめウ音便が定着しているから、他の語幹末母音の場合に比べて進行が遅れたということであって、ウ段長音が生じなかったというわけではないということである。もう一つは、「Vrei,vreôru,vreeta」(愁)(『日葡辞書』)が見え、エ段長音も生まれていたことについてである。「vreeta」は、「ure̯jeta」が「ureita」に変化する動きに牽かれて生じた形で、二音節の長音であった。しかし、そのような条件を満たす動詞は「愁ウ」一語だけであったためにエ段長音は一般化しなかったということである。

なお、ア段長音は、感動詞と個別的な音転化の過程の形で音韻としては確立していなかった。

オ段長音開合の成立

従来オ段長音の開合を問題にする時には専らその混乱・混同に注目して来たのであったが、なぜ二種の長音が生じたのかを確認しておくことも重要である。語幹を保持するためにはオ段長音の開合の区別が欠かせないことであった。この区別をしないと、「暗ウ」と「黒ウ」は区別できず、「拾ウテ」の語幹が「ヒロ」なのか「ヒラ」なのかで混乱することになるからである。

〈-oː↔-uː〉〈-o↔-u〉の揺れ

そのようにして開合の別を区別したものの、対応する短音が一つしかなかったから、この二種の音の有り様は不安定なものであった。開合の別は混乱し、合一化する運命にあった。室町時代末期の資料においてオ段合長音oːとウ段長音uːとが揺れる現象が注目されて来た（吉川泰雄・山田忠雄・迫野虔徳各氏ほか）。ここには、関東方言を反映してこの揺れが著しい元亀二年本『運歩色葉集』の例を若干引くが、この揺れは京畿の資料にも認められるところである。

直音〈コウ↓クウ〉士農工商《シノウクウシヤウ》・利《リ》口《クウ》〈ゴウ↓グウ〉悪業《クウ》・非業《グウ》〈ゾウ↓ズウ〉増水《スウスイ》〈トウ↓ツウ〉座頭《ツウ》・年頭《ツウ》〈ドウ↓ヅウ〉豌豆《エンヅウ》・平等《ヒヤウヅウ》〈ホウ↓フウ〉鳳凰《フウワウ》・鳳仙花《フウセンクワ》〈モウ↓ムウ〉蒙古《ムウコ》〈ロウ↓ルウ〉薬籠《ルウ》

拗音〈キョウ↓キュウ〉脇息《キウソク》・遊興《キウ》〈チョウ↓チュウ〉花鳥風月《クワチウフウケツ》・蝶《チウ》〈ニョウ↓ニュウ〉豊饒《ニウ》

〈ヒョウ→ヒュウ〉瓢箪《ヒウタン》〈リョウ→リュウ〉衣料《リウ》・聊尓《リウジ》

この揺れは、混乱が進むオ段長音の開合の別を、合音をu:にすることによって維持しようとしたものと説明されている。妥当な解釈である。ただ、もう一つ推量の助動詞「ウ」が接続する形に起きた変化もかかわっているものと見られる。

四段・ナ変動詞	jomamu（読まむ）	→jomam	→jomau	→jomɔ:	オ段開長音
カ変動詞	komu（来む）	→kom	→kou	→ko:	オ段合長音
下二段・サ変動詞	ukemu（受けむ）	→ukem	→ukeu	→ukjo:	オ段合拗長音
上二段・上一段動詞	okimu（起きむ）	→okim	→okiu	→okju:	ウ段拗長音

いずれの活用の動詞の場合にも推量の助動詞「ム」という一つの形であったものが、「ム」が「ウ」に転じたために、活用の違いによって、-ɔ:、-o:、-jo:、-ju:という異なる四つの形に分かれてしまった。この形を統一しようとして、-ju:は-jo:に変化した。

斧の柄をさへ許されずは、なぜに我らはforobeôzo（亡びょうぞ）と（『天草版伊曽保物語』）

（現代語訳）（山が杣人《そまひと》に）斧の柄を取ることさえ許されなかったら、どうして私たち諸木は亡びるであろうか、亡びはしないだろうにと

「ホロビュー」は「ホロビョー」の形になっている。こうして、〈-ju:→-jo:〉の変化が起きると、〈-jo:→-ju:〉の変化も起きた。そして、〈-jo:→-ju:〉が揺れると、〈-o:→-u:〉の転化も

起きた。

右述のようにo:とu:とが揺れると、oとuも揺れることとなった。oとuとは、早く奈良時代にオ段甲乙二音が混乱する中で、動揺した（『日本語の歴史1』130頁以下）から、o・u両形で行われる語が数多く存した。そのことも室町時代におけるoとuの揺れを促進した。

〈o→u〉ヲドロカス（驚）―ヲヅロカス、カウモリ（蝙蝠）―カウムリ、カシコ（畏）―カシク、カゾウ（数）―カズユル、コヨミ（暦）―コユミ、サノミ（然）―サヌミ、ツモゴリ（晦日）―ツモグリ、ヒネモス（終日）―ヒネムス、フスボル（熏）―フスブル、マボル（守）―マブル

〈u→o〉アヤツル（操）―アヤトル、アユム（歩）―アヨム、ヲギヌウ（補）―ヲギノウ、ヲヌシ（御主）―ヲノシ、カマビスシイ（喧）―カマビソシイ、スクヤカ（健）―スコヤカ、タヌキ（狸）―タノキ、ヌグ（脱）―ノグ、ハツコ（再従兄弟）―ハトコ、（出雲朝子氏による『玉塵』の例から抄出）

『おもろさうし』では、実例の引用は省略するが、oとuが本土京畿方言の場合よりも大きく揺れているけれども、程度の差であって、その原因は同じところから来ている。

オ段長音開合の混同と音便

オ段長音の開合が混同すると、ハ行、バ・マ行動詞連用形のウ音便は語幹が動揺する都合の悪い

形となり、バ・マ行動詞のウ音便は衰退し、撥音便に回帰した(『日本語の歴史3』58頁)。

タタミテ(畳)→タタmデ→タタウデ→タタンデ

また、ハ行動詞ウ音便の場合は、促音便を併用していた東部方言ではこれをやめ、促音便に回帰した。東部方言では形容詞連用形のウ音便もやめ、原形に回帰した(『日本語の歴史1』第四節)。

クラク(暗)→クラウ→クラク

江戸時代の長音――エ段長音とア段長音の成立

江戸時代に入ると、長音の体系上から空き間になっていたエ段とア段の長音が生じた。「ネーサン」(姉)「カーサン」(母)「バーサン」(婆)副詞的代名詞「アア」などがそれである。前三例は「ババ」などの形に重音脱落が起きたもの。

また、東京方言などでは母音連続〈V＋i〉からエ段長音が多量に生じた。母音連続〈V＋u〉が一般にどこの方言でも長音化したのに対して、母音連続〈V＋i〉は京都式アクセント方言では音便形のアクセントの形が抑止力となって長音化しなかった。『日本語の歴史1』第九節参照。これに対して〈V＋i〉が長音化する方言においては語幹末から活用語尾にかけてエ段長音が生じた。この場合、語幹を保持するためにエ段長音にも開合の別が生じていてもよいはずであるが、そのことについて報告されたものは管見に入らない。例えば、ai（例、暗い）は/ɛː/、oi・eiは/eː/のように音韻として区別されているということを聞かない。aiがaː（例、暗ア《クラ》）、oiがiː（例、黒イ《クリ》）に音声として変化している例はあるけれども、これは開合の別を維持しようとして起きたのではなく、aːは語幹を保持しようとした形、iːは形容詞終止連体形の活用形イにしようとしたものであろう。

江戸・東京方言においてエ段長音に開合の別が生じなかったのは一つには丁寧に話す時には原形ai・oi・eiも行われていたからであろう。

漢字音の長音化

「ジョオー」（女王）という語は私にとっては意識して発音しないとうまく言えない語である。無意識に言うと、「ジョーオー」である。それが松山市で子どもの頃に身に付けた形である。現代語辞書を引くと、「ジョオウ」で掲出し、「「ジョウオウ」とも」と注記する辞書もあるが、その注記のない辞書もある。これに比べると、「女房《ニョウボウ》」「詩歌《シイカ》」「披露《ヒロウ》」などは長音形で安定している。

このような漢字音の長音化形は早く『新訳華厳経音義私記』から見え、アオエウイの五段にわたって起きていて、特定の語に限って起きた語彙的な現象にとどまるものではなかった。長音化がなぜ起きていたのかについては、それがどのような条件下で起きているのかを観察することによってある程度推定できるように思われる。私が把握した、報告されている院政期までの用例について見たい。先ず一字漢語の例が注目される。

挙レ烽《(け)ト(ふひ)を》　列レ火《(ね)》　轡《を(ヒイ)》 - 者施レ《ス》技《(キイ)を》（「披」を訂するか）（『漢書楊雄伝』天暦二年点）

（現代語訳）烽火《のろし》を挙げ松明《たいまつ》を列ねて馭者は手綱を操った。

これはこの現象が一つには和語の一音節語の長音化（本書5上176頁）に繋がることを語る。

次に二字漢語の例を見ると、次表のようになっている。

（表）漢字音の長音化

もとの音節	長音化後の音節	用例	用例数
一音節＋一音節	二音節＋二音節	歌舞《カアフウ》	二語
	二音節＋一音節	とうそ（屠蘇）・けいし（家司）	二語
	一音節＋二音節	捨棄《シアキイ》	一語
一音節＋二音節	二音節＋二音節	備《ヒイ》足	一六語
二音節＋一音節	二音節＋二音節	言詞《シイ》	二六語

なお、一音節＋一音節の例にはほかに次の例があるが、長音化後の形を確定できず保留した。哺《フウ》後・刺《シイ》史・匕《ヒイ》著、魚菟《トウ》・闕與《ヨウ》・所須《スウ》・柴虒《チイ》・死屍《シイ》

ここで『天草版伊曽保物語』に見える二字漢語（『日本語の歴史3』62頁に表示）の語音構造ごとの用例数（長音化例と短音化例は除いた）を見ると、次のようになっている。

一音節＋一音節　例、武士《ブシ》　三六語一三八例
一音節＋二音節　例、未来《ミライ》　一二九語三三七例
二音節＋一音節　例、最後《サイゴ》　九五語一九八例
二音節＋二音節　例、大海《タイカイ》　二七三語五七四例

これを見ると、長音化は語形をより漢語らしい〈二音節＋二音節〉の形にしているものと見られる。三字漢語「韓非子《ヒイ》」（国会図書館蔵『附音増広古注蒙求』大永五年写）もこれに準じて理解される。また、〈一音節＋一音節〉の「詩歌《シイカ》」「四時《シイ》」「贔屓《ヒイキ》」「富貴《フウキ》」「披露《ヒロウ》」を〈二音節＋一音節〉または〈一音節＋二音節〉の形にしている例は、和語「鹿」「肉・獣《シシ》」「引・蟇」「蕗・茸」「広・尋」との衝突を避けるのに役立っている。後世に生きのびている例はこの形のものが多い。更に、このうち〈二音節＋一音節〉の例は、二音節を単位とする韻律が確立すると、愛用されたのであろう。

しい・かを・この・む（詩歌を好む）

次に音節の段別に見るとイ段の例が多い。これは、ウ段・オ段の字が長音化すると、本来の漢字音と衝突することがあるのに対して、イ段長音が本来の漢字音に存しなかったからである。例えば、「フー」（父）は「フー」（風など）と、「トー」（屠）は「トー」（投など）と紛らわしい。

沖縄方言の長音

沖縄方言では二音節名詞の長音化が顕著である。「アメー」(雨)などの第五類名詞だけでなく広く認められる。沖縄方言を原始日本語の姿をとどめる方言と見る服部四郎氏は、この長音形を古いものと見て、諸方言アクセント分岐の原因をここに求めた。「日本祖語について」(『言語』一九七九・一一、一二)参照。例えば、第二類名詞「オト」(音)は第二音節が長音であったためにその部分にアクセントの山ができ、東京式アクセントの形「オト」が生じたとした。氏は、この長音が後発の転成母音、例えば第二類名詞では「ムネ」(胸)などにはじまったと見た。しかし、転成母音に存した長音が生き残ったのは一音節名詞と二音節第五類名詞とであった。CV構造の日本語に多量の長音が存したとは考えにくい。金田一春彦「日本語祖語のアクセントと琉球方言」(『SOPHIA LINGVISTICA』XVII 一九八四)は沖縄方言の長音を九州方言に連続する新しいものとした。従うべきである。ただ、その長音がどのように生じたのかについては、三母音化による衝突を避けようとしたため(伊波普猷氏)、強調のため(藤原与一氏)、アクセントの山を後ろへ送ろうとしたため(金田一春彦氏)などの説があるが、明らかでない。私は名護市久志方言と首里方言について現地調査を行ったことがあるが、両方言間でも違いがあって、考察の方向を見出せていない。

一七　イ音便の一般化による拗音の成立とエ段音・イ段音の口蓋化

ウ段開拗音

拗音の成立については『日本語の歴史5上』第八節に記したが、ウ段開拗音の成立はやや複雑である。介音と主母音の組み合わせを-ia・-iu・-ioで受け入れたとする私の考えが正しければ、拗音「シャ」「シュ」「ショ」などの成立は日本語側の問題ということになる。例えば、ʃia・ʃioが短音シャ・ショになっているようにʃiuもシュになった。しかし、音節構造転換後の日本語の-iuは、〈上一段・上二段動詞未然形＋推量の助動詞「ウ」〉とシク活用形容詞連用形のウ音便とに多く生じていたから、例えば「起キウ」「亡ビウ」「美シウ」は、語幹を保持するために二音節を維持して、二音節の拗長音「キュ・ウ」「ビュ・ウ」「シュ・ウ」であった。そのため、漢字音も拗長音に実現した。ただ、「シュ」「ジュ」の場合は、「シュツ」「ジュツ」「シュン」「ジュン」の音があって、これを二音節に収めるために、短音形「シュ」「ジュ」が残った。また、語幹を維持するために、-iuを割って発音しようとしたから、漢字音の-iuも割る表記が残った。実際の発音は拗音であった。このようなわけであるから、仮名遣いに「シュ」「シュウ」「シウ」「キュウ」「キウ」が現れるのは中国語音の違いによるのではなく、日本側の事情によるものである。

合拗音の片寄った成立と衰退

こうして開拗音はア・ウ・オ三段に、合拗音は牙音・喉音にクワ・グワ・クヰ・グヰ・クヱ・グヱが、歯音にスヰが、舌音にツヰが生まれた。合拗音が一部の音節にしか生まれなかった原因は、半ばは中国漢字音の合口介音uの分布から来るものと見られるが、半ばは日本語側の事情から来ている。『万葉集』（東歌・防人歌を除く）で字余りになっている母音連続のうち前部母音がuである例をすべて取り出し、その用例数を調べると表のようになっている。訓み方によって多少数字は動くが大きくは違わない。例えば、クとアが交叉するところの49という数字は、字余りになった母音連続「クア」の例、「遠くあれば」（等保久安礼婆）（一五・三七三六①）のような例が四九例認められることを表す。これを見ると、片寄りはあるけれども、どの行の母音連続をも受け入れることができたものと見られる。合拗音が片寄って成立するのは、合口介音を有する漢字音が例えば唇音字（p・b・m）に欠けており、牙音・喉

（表）『万葉集』の母音連続 －u～

	ク	ズ	ツ	ヅ	ヌ	ブ	ム	ユ	ル
ア	49	10	29		1				1
イ	5	4	1				3		2
ウ	1			1		1			
エ									
オ	34		1				2	4	1

音字（k・g）に常用される字が多かったことから来ている。しかし、また、日本に入ってから、或るものは合拗音になり、或るものは合拗音にならなかった。例えば、「亀」と「水」はkui・suiの形で受け入れられたが、後、「亀」は合拗音kwi（クヰ）を経てki（キ）となり、「水」は二音節su・iとなっている。カ・ガ行のクワ・グワ・クヱ・グヱの音の字が多かったので、それに牽かれて合拗音「クヰ」で定着したのであろう。これに対して、「水」の方は合拗音「スヰ」が孤立していたためにswi（スヰ）で定着しなかったのであろう。合拗音は、限られた音節にしか生じなかったために、体系の不均整から、サ・タ行合拗音が早く滅び、ついでカ行合拗音も衰退した。

サ・ザ行音の音価とサ・ザ行拗音

奈良時代におけるサ行音の音価については、万葉仮名の字音から種々推定されているが、十分には明らかでない。馬淵和夫『日本語音韻論』は、多用された万葉仮名と前舌・中舌・後舌という音声的環境とを考慮して、次のように推定している。

tsa・ʃi・su・ʃe・tso乙・so甲

この推定は、室町時代末期のキリシタン資料でサ・ス・ソがsa・su・soであるのに対して、シがxi、セがxeで表記されていて、ʃi・ʃeであったのと整合している。この推定に従えば、奈良時代においては後に拗音となる音はʃia・ʃiu・ʃioで受け入れられていたことになる。平安時代に入って音節構造が転換すると、この音はsja・sju・sjoとなり、拗音が成立した。これに対して、この時代のサ行音はtsa・ʃi・su・ʃe・tsoであったか、それが変化して、sa・ʃi・su・ʃe・soになっていたかであると見られ、サ行音と新しく生じた拗音とは衝突しないですんだ。ザ行音も同様に考えられる。

ヤ行の「𛀁」(je)とア行の「エ」(e)、ワ行の「ヲ」(wo)とア行の「オ」(o)

ヤ行音は文献時代以前、四母音時代にはja・ji・ju・jo乙、八母音時代にはja・ji・ju・je・jo乙・jo甲であったが、やがてjiは、これを維持することができなくなって、iとなった。その他のヤ行音も摩擦性が弱まり、i̯a・i̯u・i̯e・i̯o乙・i̯o甲となったのではないかと見られる。なお、i̯は、それが主母音ではなく、音節副音であることを示すものとする。

他方、ア行のeとヤ行のjeとは奈良時代には区別されていたが、平安時代に入って、天暦年間(九四七〜五七)になると混同する。ここで問題になるのは両音が混同して、i̯eになったとされていることである。東禅院心蓮(〜一一八一)の『悉曇口伝』がア行の「エ」の発音について次のように記しており、ヤ行の「𛀁」についても同様の説明をしていることが指摘されて来た。

エト者以二i(梵字)穴一呼レ・i(梵字)而終ニ垂二舌端一則成二エノ音一也。

（現代語訳）エという音は、イの音の口構えでイを発音し、後、舌先を垂らすとエの音になる。

また、キリシタン資料も語頭のエも語中・語尾のエもyeで表記している。

ある時、蟻が海辺《かいへん》に出て行くところに、にはかにvôqina（大きな）波が打って来て、引き連れられ、既に命も危《あやふ》い様《さま》に漂ひyuquuo（行くを）、cozuye（梢）から鳩が見たが、それがnanguiuo（難儀を）救はうと思うたか、木のyedauo（枝）を食ひ切って（『天草版伊曽保物語』鳩と蟻の事）

ヤ行の場合に似て、ワ行音は文献時代以前、四母音時代にはwa・wi・wu・wo、八母音時代にはwa・wi・wu・we・woであったが、やがてwの摩擦性が弱まり、wuは、これを維持することができなくなって、uとなり、他のワ行音もụa・ụi・ụe・ụoとなった。かつてwuが存したことについては「ヲリ」（居）の成立について論じた時（『日本語の歴史2』32頁）に見た。

また、ア行の「オ」（o）とワ行の「ヲ」（woまたはụo）とは、平安時代に入ると、初期から混乱例が見え、一一世紀初頭以後混乱例が多くなり、一一世紀末には混同して、ụoになったとされる。『悉曇口伝』にア行の「オ」に「ヲ」の字を用いて、その発音について次のように記しており、ụoであったことが知られている。

ヲ者以㆓ウ穴㆒呼㆑ウヲ而終ニ開㆑脣則成㆓ヲノ音㆒也

（現代語訳）ヲという音はウの口構えでウを発音し、後、唇を開くとヲの音になる

キリシタン資料も語頭のオも語中・語尾のオもvoまたはuoで表記している。エの音のところに引

いた例中に見る通りである。
そうすると、エ・オは次の変化をしたこととなり、不自然な変化として問題にされて来た。

ア行　e
ヤ行　je → i̯e ＞ i̯e → e

ア行　o
ワ行　wo → u̯o ＞ u̯o → o

e と i̯e の混同、o と u̯o の混同

上代日本語においては母音音節は一般に語中に立たなかったから、e と i̯e、o と u̯o は語頭においてのみ対立していた。

e　エ（榎）・エビ（葡萄）・エビス（蝦夷）・エラフ（選）・エル（択）
i̯e　エ（兄）・エ（江）・エ（枝）・エ（胞）・エ（終助詞）・エシ（良）・エダ（枝）
o　オキ（沖）・オキナ（翁）・オク（置）・オク（起）・オコナフ（行）・オス（押）・オソシ（遅）・オツ（落）・オト（音）・オトル（劣）・オドロク（驚）・オナジ（同）…
u̯o　ヲ（雄）・ヲ（尾）・ヲ（緒）・ヲ（小）・ヲ（助詞）・ヲカ（岡）・ヲカス（犯）・ヲガム（拝）・ヲギ（荻）・ヲシ（鴛鴦）・ヲシ（惜）・ヲシフ（教）・ヲジ（叔父）・ヲトコ（男）…

両音の混同は語頭における音節副音 i̯・u̯ の脱落によって起きたと考えられる。その結果、e と

i̯e、oとu̯oは次の分布をすることとなった。

語頭	e	o
語中・語尾	i̯e	u̯o

このような存在のしかたをする二つの音節は異なる音として意識されるものの、知的意味の弁別には役立っていないから二つの音とは認められない。「エ」「オ」の音を問われたら、出現頻度の高い方の音を答えることになる。それは語中・語尾のi̯e・u̯oの方であった。キリシタン資料がエ・オを語頭も語中・語尾もともにye・uo(vo)で表記しているのはそのためである。

e・oへの回帰

ところが、語中・語尾におけるi̯e・u̯oは、やがて前接母音がそれよりも口の開きが広いか同じ時にはe・oで実現するようになった。そのため代表的な音がe・oと意識されるようになった。

(表)語中・語尾における、eとi̯e、oとu̯oの分布

前接母音	エ	前接母音	オ
a・o・e	e	a・o	o
u・i	i̯e	e・u・i	u̯o

愛媛県松山市方言では、oとu̯oの音が存するが、右の条件によってoとu̯oの現れ方が異なる。例えば、普通に発音すると、「頭を洗う」「顔をあらう」の「を」はoで実現する。これに対して、「手を洗う」「足を洗う」の「を」は、ゆっくり言うとoにもなるが、普通に言うとu̯oで実現する。また、普通に話すと、「顔」はkaoであるが、「塩」は、ʃioにもなるが、ʃu̯oが自然である。こうして語中・語尾のエ・オがe・oで実現することが多くなり、やがてすべてがe・oになって、現代共通語をはじめとする多くの方言における状態となった。以上のように捉えると、eとi̯e、oとu̯oの変化が不自然なものではなかったことが分かる。

エ段音とイ段音の口蓋化

問題を、語中・語尾のエがi̯eで、ア行のeとヤ行のi̯eが合一化して、その代表的な音がi̯eであると意識されていた時代に戻す。その時代には、やや遅れてワ行の「ヱ」(we→u̯e)もア・ヤ行のエ段音と混同し、語中・語尾ではi̯eになっていた。また、サ・ザ行音のセ・ゼもʃe・ʒeで、口蓋音であった。更に、「消エ」の転じた「消《ケ》」は音韻としては「ケ乙」であったが、音声としては口蓋音kje乙で実現していた可能性が高い。更に、また、連声によって「ネ」も口蓋音で実現することが多くなっていた。J・ロドリゲス『日本大文典』に次の記述が見える。

N字の後にYa（や）、ye（え）、y（い）、yo（よ）、yu（ゆ）の音節が続く場合には、Nha（ニャ）、nhe（ニェ）、nhi（ニ）、nho（ニョ）、nhu（ニュ）のやうに発音されなければならない。それを書くのには、語を区別する為にya（や）、ye（え）などと書くけれども。例へば、sanya（山野）はSamnha（サンニャ）と発音する。Ximnhô（シンニョー）、Guenhe fôin（ゲンニェホーイン）、Xennhô（シェンニョー）、Cannyô（カンニョー）、Bequennha（ベケンニャ）はXinyô（信用）、Guenye（玄恵）、Xenyô（専用）、Canyô（肝要）、Bequenya（べけんや）である。（土井忠生氏訳）

そうなると、これに牽かれてその他の行のエ段音にも口蓋化が進んだ。下二段動詞の未然形に推量の助動詞「ウ」が接続した時をはじめとする-euが、拗長音形「ウキョー」（受）「ワスリョー」（忘）「キョー」（今日）などとなるのは、エ段音が口蓋化していたからである。早くローランド・ラング「文献資料に反映した中世日本語エ列音節の口蓋性」（『国語学』85　一九七一・六）が指摘した。

エ段音の口蓋化が進むとイ段音の口蓋化も進んだ。シ・ジが口蓋音ʃi・ʒiであった上に母音iが後続する時には口蓋化しやすかったから、他の行の音も口蓋化した。しかし、kiとkjiのように非口蓋音と口蓋音の差が小さいために、音韻として同一音に意識され、イ段拗音は生まれなかった。

エ段開拗音が生じなかったわけ

『万葉集』（東歌・防人歌を除く）で字余りになっている母音連続のうち前部母音が-iである例をすべて取り出し、その用例数を調べると、表の通りである。

（表）『万葉集』の母音連続 -i～

	ア	イ	ウ	エ	オ
キ甲	19	9	14		9
キ乙					
ギ甲	1	8			1
ギ乙					
シ	76	3	4	2	43
チ	3	8			1
ニ	161	40	5		29
ヒ甲	15	12	2		11
ヒ乙	2	1			1
ビ甲	2	2			1
ビ乙					
ミ甲	6	5			5
ミ乙					
リ	22	8		2	29

例えば、キ甲とアが交叉するところの19という数字は「行き悪《あ》しかりけり」（由伎安之可里家利）（一五・三七二八⑤）のような字余りになった母音連続（キ甲ア）の例が一九例認められることを表す。「エ」ではじまる語が少ないために-ieの例が少ないけれども、「実《まこと》あり得むや」（麻許等安里衣牟也）（一五・三七三五②）のように存しないわけではない。これを見るといずれの母音連続も受け入れる状態にあったと見られる。

漢字音「明」の呉音は母音連続mia・u（ミア・ウ）で受け入れられ、音節構造が転換すると、拗音mja・u（ミャ・ウ）に転じた。漢音も母音連続mie・i（ミエ・イ）で受け入れられ、音節構造が転換すると、mje・i(ミェ・イ)となった。その時代には〔me〕は口蓋化し、〔mje〕と合一化していたから、〔mje・i〕は拗音とは捉えられなかった。開拗音がア・ウ・オ三段にしか生じなかったのは如上のような事情による。

なお、CVVの形をしている「ミアウ」(明)がCVV・Vで受け入れられたのは「ミア・ク」(脈)などに支えられたからである。

エ段音の非口蓋化

エ段音の口蓋化音はキリシタン資料の頃には、連声の例「輪廻《リンニェ》」「繁栄《ハンニェイ》」(ロドリゲス『日本小文典』)などを除いては非口蓋音に戻っていた。これは、174頁で見たように、e優勢となったことによる。

そうなると、例えば「明」の漢字音〔mje・i〕も〔me・i〕となった。そのようにして、meとは別にmjeの存立が可能になって、外来語「シェパード」「ジェット」「チェリー」などにエ段拗長音が存在することができるようになった。

しかし、九州方言を反映していると見られる『捷解新語』に記録されたエ段音はハングルで口蓋音に記録されているとされる。現代九州方言でも注意深く観察するとエ段音は口蓋化しているとされる。

〈-ai̯e→-ai〉〈-oi̯e→-oi〉〈-ai̯u→-ai〉などの変化

中世には標記の音韻変化が顕著であった。『日本語の歴史3』84頁では惟高妙安の抄物から次の例を引いた。

カマイテ（構）・ムカイトリツイタ（迎取付）・ハイ（蠅）・ミヤヅカイ（宮仕）・カイル（蛙）・カイルゴ（蛙子）・カツサライテ（浚）・マイダテ（前立）・カタマイダレ（片前垂）

トリソロイ（取揃）

この変化が盛んであったから、逆方向の〈-ai→-ai̯e〉〈-oi→-oi̯e〉などの変化も起きていた。その例もそこに示したところである。

ナラエ（倣）・キヲエテ（競）・ヲエイデ（生出）

〈ヲイ（生）→ヲエ〉については早くから注目されて来たところで、よく知られている。この例の場合は右の変化の上に下二段動詞「ハエ」（生）も関与したものと見られる。

右の変化は多くの中世語資料に認められるところで、数多くの例が報告されているが、一々列挙するのは割愛する。ただ、「カイル」は、i̯e と u̯e とが合一化する以前の『和名抄』（十巻本）に「加比流提乃岐」（蛙手の木、楓の木）と見えるから、〈-ai̯e → -ai〉の例に加えない方がよい。「カヘル」の語源が「カヒ（峡）＋アヅ（蛙の古名）」であるところからすると、「カヒル」も「カヒ」（峡）とかかわるか。

この変化は「eとiの混乱」とか「iとeの交替」と捉えられて来たが、〈-ai̯e → -ai〉〈-oi̯e ↔ -oi〉などの変化と捉えるべきものである。私がそう考えるようになったのはドイツの日本語学者ローラント・シュナイダー氏との談話中（一九八二年）にはじまる。この問題についての氏の見解は『KOWAKA - MAI』（ハンブルク　一九六八年）141頁に見える。

右述のように見ると、この変化が次の変化に繋がっていることが分かる。用例は若干示すにとどめる。

〈-ai̯a → -ai〉アイシイ（怪）・アイツ（彼奴）・アイニク（生憎）・アイマチ（過）・ウライマシイ（羨）…　『日本語の歴史2』第七節参照。

〈-ai̯u → -ai〉カイ（粥）・カハイイ（可愛）・コソバイイ・マイ（眉）・マイゲ（眉毛）…

〈-oi̯o → -oi〉コイ（来い）

〈-oi̯u → -oi〉オイルシ（御許）・オモイ（重湯）

〈-ei̯o → -ei〉セイ（為よ）・ヌレイ（ぬれよ）

〈-ui̯u → -ui〉ツイリ（梅雨入）

〈-oi→-oi̯u〉 オオユビキ（大鼾）

〈-ii→-ii̯u〉 カチユクサ（勝軍）

そして、更には〈-au̯o→-au〉、例えば〈mau̯osu（申）→mausu〉、〈-au̯i→-au〉、例えば〈naraɸite→narau̯ite→naraute〉の変化（『日本語の歴史5上』19・134頁）、ならびに次のような〈-au̯a→-au〉の変化に対応している。

ハワキ（箒）→ハウキ、ハワクロ（黒子）→ハウクロ、フキガワ（鞴）→フイガウ、ウケタマワル（承）→ウケタマウル、タワコト（戯言）→タウコト、ニツカワシイ（似付）→ニツカウシイ

先にi̯eの勢力が弱まって、「エ」の代表的な音がア行のeと意識されるようになったことを述べた（174頁）。その変化は右に見た〈-ai̯e→-ai〉〈-oi̯e→-oi〉の変化に牽かれて〈-ai̯e→-ae〉〈-oi̯e→-oe〉の変化が生じたものと考えられる。「オ」の代表的な音がoと意識されるようになるのも、〈-au̯o→-ao〉〈-ou̯o→-oo〉の変化が進んだからである。

エ段音のイ段音への変化

〈-ai̯e→-ai〉〈-oi̯e→-oi〉の変化に並行して〈-aCje→-aCi〉〈-oCje→-oCi〉（Cは子音）の変化も起きた。もともと口蓋音であり、遅くまで口蓋音をとどめていた「セ」に「シ」への変化が認め

られる。「〜セテ」(使役)と「〜シテ」(他動)の混同については『日本語の歴史2』184頁で扱った。尊敬の「サセラル」「オセラル」は「サシラル」「オシラル」でも行われた。「目交《メマ》ゼ」は「目交ジ」とも言う。逆方向の変化例に「ユルガセ」(緩)・「手ガセ足ガセ」(枷)「ヲゴゼ」(虎魚)などがある。「セ」以外のエ段音のイ段音化は珍しいが、語彙的な変化の背後にイ段音化の動きが働いていた可能性が考えられる。

〈ガ→ゲ〉「虵青トカキ也」(国会本『医方大成略抄』)・ノゲ(穬芒)(易林本節用集)
〈デ→ヂ〉「むかち」(百足、室町時代物語集二、諏訪縁起)
〈メ↔ミ〉「不レ斜《ナノミ》ナラ」(西源院本『太平記』二)・ヲウカメ(狼)(『玉塵』二〇)
〈レ↔リ〉デマリ(でもあれ)(『中興禅林風月集抄』)・アマレ(余)(『襟帯集』)
〈キ→ケ〉ツワケ(唾)(『四河入海』一七之三)

四つ仮名の混同

口蓋化に関して四つ仮名の混同に触れておかなくてはならない。「チ」(ti)の口蓋化が進み、tʲi は更に破擦音 ʧi になった。「ツ」(tu)も tʲu を経て破擦音 tsu になった。そのことについては『日本語の歴史1』91頁に記したところである。

濁音「ヂ」(di)「ヅ」(du)も、口蓋化音 dji・dju を経て、破擦音 dʒi・dzu になった。そうなると、ザ行の ʒi・zu に近い音となり、混乱する例が生じて来た。そして、語頭は dʒi・dzu 、語中・語尾は ʒi・zu になって、江戸時代に入り混同した。混乱が進んで行く中、濁音の前の母音が帯びていた鼻音がダ行音の場合よりもザ行音の場合に早く失われていた(90頁)ので、ジ・ヂ、ズ・ヅの四つ仮名の区別を鼻音の有無で区別し、説明しようとしたりもしていた。

ぢとづとはあたりて鼻に入るやうにいはざれはかなはず(『和字正濫抄』巻五)

一つ仮名(ズーズー弁)

東北方言では「ズ」が口蓋化した音が、〈-azju →-aʒi〉〈-ozju →-oʒi〉〈-ezju →-eʒi〉〈-uzju →-uʒi〉の変化を起こして、「ジ」(南部では「ズ」)となった。そしてその変化は語頭の「ズ」にも及んだ。その結果四つ仮名ヂ・ジ、ヅ・ズが「ジ」一つになっている。この変化は清音シ・ス、チ・ツにも起きており、前者は「シ」、後者は「チ」になっている。これと同じ変化をした方言に出雲方言と沖縄方言がある。沖縄方言のシ・ス、チ・ツ、ジ・ズは方言差があり、複雑な姿を呈するが、首里方言や宮古方言など多くの方言では、シ・ス、チ・ツがそれぞれ合一化し、ジ・ヂ・ズ・ヅが合一化している。これがいわゆる一つ仮名弁(ズーズー弁)である。

この変化は京畿方言でも生起しようとしていたらしい。次のような例が散見する。

〈ス↕シ〉シゴロク（双六）（『史記抄』一〇）・ヲスユル（教）（『蒙求抄』六）・ワラスベ（藁稭）（『史記抄』二）

〈ツ↕チ〉チビル（禿）（『日葡辞書』）・「一みつ鉄輪《かなわ》といふべきを。みつかなを同じくみつ口をみちくち」（『片言』）・モチレテ（縺）（『蕉窓夜話』）・コミツナ（↑小道？）（『史記抄』一八）

〈シュ↓シ〉〈ジュ↓ジ〉『日本語の歴史3』53頁以下に示した。更に若干加える。「うれし御さる」（『捷解新語』三ほか）「くるしもない」（同四）「ひさしもなうて」（同三）

〈ジ↓ズ〉「一傍尓《ほうじ》を。ほうず」（『片言』）

〈ヂュ↓ヅ〉「一純熟《じゅんぢく》を。じゅんづく」（同）

一八　沖縄方言の口蓋化と三母音化傾向——沖縄方言の史的位置

『おもろさうし』における口蓋化

『おもろさうし』においては、口蓋化がイ・エ段音にとどまらず。ア・オ・ウ段音にも起きていて、その変化が本土方言よりも活発であったことが分かる。前接母音がｉである例もその他の例も見える。

〈ア段〉あちおそいきや（按司添いが、格助詞「ガ」）・あやきやね（綾金）・かなしや（愛しさ）・あおしや（青さ）・あしちや（足駄）・ぢやくに（大国）・おきにや（沖縄）・ゑひせにや（地名、伊是名）・いみや（今）・ほうはしりや（帆柱）

〈オ段〉あまみきよ（あまみ子）・まきよ（真子）・かさへみしよ（重ね御衣）・いきやしよ（行こうぞ）・やりちよ（遣り戸）・いによは（地名、伊饒波）・もちりよかす（もどろかす）・さりよく（坐录）

〈ウ段〉あちおそいしゆ（按司添いぞ）・まへほし（前坊主）・いちよのし（厳の子）・てちよく（手強く）

イ段の例は次の二例に過ぎない。

○聞得《きこゑ》大君《ぎみ》ぎや　降《お》れて　遊びよわれば　天《てに》が下《した》　平《たい》らげて　ちよわれ（一・一）

（現代語訳）天下を治めて居給え。（「来《き》おわれ」の転。いらっしゃるの意の命令形。）

○地天鳴響《とよ》む大主《ぬし》　清《ちう》らの花《はな》の　咲《さ》い渡《わた》る　見物《みもん》（一三・八三四）
（現代語訳）天地に鳴り響いている大王である太陽、美しい花が一面に咲き広がるような見物である。（「きよら」の転「きうら」の口蓋化か。「地裏」説もある。）

しかし、これは口蓋化した**kji**を経て、**tʃi**になった例であるから、イ段の口蓋化は相当進んでいたと見られる。口蓋音**kji**や**nji**などは音声上の存在であるから書き表す必要がなかったのである。

エ段の例も意外に多くはない。

ききゑは（聞けば）・いぢへな（地名、伊是名）・みちへりきよ（御宣り子）・しちへ（為て）・あいちへ（相手）・はきちへ（接ぎ手）・みちへつから（御手づから）・おいちへ（追手）・いちへて（出でて）・いちゑみ（出で水、泉）・あよはりゑ（肝走れば、「肝晴れ」とも）

これは、エ段音がすべて口蓋化していたから、「け」「ぜ」「て」「で」「れ」の仮名が口蓋音を表しているのであろう。わざわざ「きゑ」「ちへ」「りゑ」などと表記した例は、いずれも前接母音がiの例であって、

-iきや-iしや-iちや-iにや-iみや、
-iきよ-iしよ-iちよ-iによ-iみよ

などの表記に倣って、「-iきゑ」「-iちへ」「-iりゑ」表記が行われたものと見られる。

『おもろさうし』における「エ」と「イ」の揺れ

現代沖縄方言の多くの方言はａ・ｕ・ｉの三母音体系となっており、ｏがｕに、ｅがｉに接せられている。そこで、その変化がいつから起きたのかを知るために『おもろさうし』におけるオ段音とウ段音、エ段音とイ段音の揺れが調査された（高橋俊三『おもろさうしの国語学的研究』）。そのうち「エ」と「イ」の揺れとして挙げられている例を見ると、その多くは、本土中世語資料の場合と同じく〈-ai̯e→-ai〉〈-oi̯e→-oi〉の変化なのである。「へ」「ゑ」両表記は「へ」で引いた。

〈-ai̯e→-ai〉あおりやへ→あおりやい、かへれ（帰）→かいれ、きみはへ（君南風）→きみはい、けらへ→けらい、こしらへ→こしらい、まはへ（真南風）→まはい、まへ（前）→まい、まへゑくが（真男）→まいくか、みかまへ（貢租）→みかまい

〈-oi̯e→-oi〉おほゑて（帯）→おほいて、おもへは（思）→おもいは、こへ（声）→こい、こゑく（越来）→こいく、こゑて（越）→こいて、そろへて（揃）→そろいて、そろへわちへ（揃給）→そろいわちへ

語頭における揺れは右の揺れに牽かれて起きていたものであろう。

ゑけり（兄弟）→いけり、ゑそこ（吉底→船）→いそこ、ゑのち（命、勝れた）、ゑさしか（地名、伊差

川）、ゑさもり（地名、伊佐杜）、ゑなふく（地名、稲福）、ゑなん（地名、伊那武）、ゑはくすく（地名、伊波城）、ゑひせにや（地名、伊是名）

『おもろさうし』における〈-aCje→-aCi〉〈-oCje→-oCi〉（Cは子音）などの変化

高橋氏前掲書によれば、標記の変化例として次の例が認められる。

〈セ→シ〉　きみよせ（君寄）→きみよし

〈デ→ジェ→ジ〉　いでら（出）→いぢら、いぢへき（出来、勝れた）→いぢき、いでみ・いちへみ（出水）→いぢみ

〈チェ→チ〉　おわちへ→おわち、おろちへ・おるちへ（降）→おるち、もちへなちへ（持成）→もちなし

〈ネ→ニ〉　かね（金）→（たら）かに（（太良）金）

〈ベ→ビ〉　まかべ（真壁）→まかび

この場合にも右の揺れに牽かれて揺れは語頭にも起きていた。

きんか（地名、源河）、ちへねん（地名、知念）

沖縄方言の三母音化傾向

現代沖縄方言の中にはeがïに転じて四母音となっている方言もあるので、三母音化傾向と呼ばれるのであるが、『おもろさうし』ではまだ三母音化は実現していない。oとuの場合は、161頁で触れたように、本土中世語よりもその揺れが大きいものであったが、状態は共通していた。一方、eとiの場合も本土中世語と同じ揺れが起きていた。この状態が更に進行したのが三母音化傾向である。本土方言では-aCje・-oCjeが早く-aCe・-oCeに変化し、-aCi・-oCiの変化が進行しなかった。そのため本土方言ではエとイの揺れだけにとどまったので三母音化は起きなかった。

沖縄方言の「キ」(木)「ウティ」(落)「ウリ」(降)などの問題

『おもろさうし』では「キ」「ギ」の口蓋化が「チ」「ジ」まで進んだ例はわずかであったが、現代沖縄方言では「チ」「ジ」に変化し終わっている。首里方言を対象とする『沖縄語辞典』から例示する。聞いたことがあるという語があるであろう。

〈語頭〉チイル(黄色)・チシ(岸)・チム(肝)・チリミ(切れ目)・チン(着物)・チン(金)・チンカ

ン（金柑）・チスク（規則）・ジリ（義理）・チチュン（聞く）・チバユン（気張る）・チユン（着る）・チユラサン（美しい↑清らさ）…

〈語中語尾〉アチ（秋）・ウチナー（沖縄）・クジ（釘）・ツィチ（月）・ナチガウ（泣き顔）・ガチ（餓鬼）・シチ（式）・シジユン（過ぎる）・ニジユン（握る）・サチカンズン（咲きこぼれる）…

ところが、そういう変化が進行した中にあって、現代首里方言では、「木」は「チ」でなく、「キ」であり、「起キ」は「ウチ」でなく、「ウキ」で行われているのである。三母音になっている首里方言では「ケ」（毛）が「キ」になっているから、「キ」（木）はこれと同じ形になっている。

有坂秀世氏の着想

早くこの事実に気付いた有坂氏は次のように記している。

ついでに言ふ。現代の琉球首里方言では、乙類のキやチのうち、ウ列音と交替するものに相当する所には

tsichi（月）　ツキ――ツクヨ（月夜）
sijing（過）　スギ――スグス（過）
uchi（内）　ウチ――ウツモモ（内股）

kuchi（口）　クチ――クツバミ（銜）

のやうに口蓋音があらはれ、之に対して、乙類のオ列音と交替するものに相当する所には

ki（木）　キ　――コダチ（木立）

uking（起）　オキ――オコス（起）

uting（落）　オチ――オトス（落）

のやうに非口蓋音があらはれてゐるやうであるが、果たして偶然であらうか。専門家の御教示を仰ぎたい所である。「おもろさうし」や古代の金石文で、ウチ（内）クチ（口）カミ（神）などの末尾の音節はいづれもイ列の仮名で写されてゐるのに、キ（木）オリ（下）などは到る処ケ、オレとなつてゐて、キ、オリとなつてゐる所は殆ど見当らない。（もつとも樟などはクスヌキとなつてゐる。）これらも、素人考へに過ぎないかも知れないが、ちよつと注意を惹く所である。ウ列と交替するイ列乙類と、オ列乙類と交替するイ列乙類とは、極めて古い時代には音韻上区別されてゐたものではなからうかとも疑はれる。（「母音交替の法則について」「音声学協会会報」34　一九三四・九）

この段階では「なからうかとも疑はれる」という表現であったが、『国語音韻史の研究』（明生堂一九四四・七）の追記では次のような表現になっている。

なほ、「下りて」に相当する琉球語動詞は、（uyiti ではなくて）uriti である。これも「おもろさう

し」の「おれて゚」の系統の形をそのまま伝へてゐるものと見える。（オ列と交替するイ列に対応する琉球語母音は、仮名書きに表れてゐる通り、一度は恐らく一般エ列母音に合流してゐたものであらう。）

「落《ウ》ティ」が「木《キ》」「起キ」と同様に注目されるのは、首里方言では「チ」が口蓋化を経て破擦音 tsi になっているのに対して、「落チ」の「チ」は ti で、これが「テ」（「手」）などが三母音化した形の方に一致しているからである。また、首里方言では語中の「リ」が、〈モリ（森）→ムイ〉〈トリ（鳥）→トゥイ〉〈トリ（取り）→トゥイ〉などのように「イ」になっているのに対して、「降リテ」は、「ウイティ」ではなく、「ウリティ」と、「レ」が三母音化した形をしている。有坂氏は、「キ」（木）「ウキ」（起）「ウティ」（落）「ウリ」（下）が「オ列乙類と交替するイ列乙類」出自であり、口蓋化を起こしている「ツィチ」（月）「シジ」（過ぎ）「ウチ」（内）「クチ」（口）が「ウ列と交替するイ列乙類」出自であると判断した。そして、「キ」（木）「オリ」（下）が『おもろさうし』で「け」「おれ」で現れることが多いことに注目し、「オ列乙類と交替するイ列乙類」が「ケ」「テ」「レ」を経て「キ」「ティ」「リ」になったと考えた。

服部四郎氏の支持

服部四郎「琉球方言と本土方言」(『沖縄学の黎明』一九七六・四)「日本祖語について」(『言語』一九七八・一〜七九・一二)はこの着想を支持し、イ列乙類音とエ列乙類音の変遷を次のように捉えた。əiをo乙iに改めたほか、分かりやすく簡潔にした。

沖縄方言		祖語			奈良時代大和
i:	←	ɯi	→	i乙:	→ i乙 (i乙:・e乙:)
e: (o乙i・ai)	←	o乙i	→	e乙:	
		ai		ɛ乙:	→ e乙

「ウ列乙類と交替するイ列乙類」はɯiから生まれたもの、「オ列乙類と交替するイ列乙類」はo乙iから生まれたものと考えられるようになった(『日本語の歴史5上』46頁)から、祖語の形はその形で示されている。

この説は、有坂氏が着想し、服部氏が支持したので、沖縄方言研究者の間で受け入れられるところとなり、沖縄方言が奈良時代を遡ること更に古い時代に本土方言と歩みを異にしたものとする考えの一角を形作って来た。

例外となる例に対する説明

しかし、この説は、沖縄方言の史的位置をとてつもなく古いものとする内容を主張するにしては、推定を支える用例が少な過ぎる上に、都合の悪い例外が多過ぎる。そして、その例外についての説明も循環論法に陥っていたり、説得力を持たないものであったりする。

服部氏は、「杉」が、『日本国語大辞典』の〈なまり〉の条に「シゲ」(『津軽のことば』)「スゲ」(『津軽語彙』)と見えることと、首里方言で「シジ」であるということとを踏まえて、「日本祖語について・8」(『言語』一九七八・一〇、一〇三頁)では、古くsugo乙iで、後suguiになったとした。しかし、「本誌前号の拙論への補説」(『言語』一九八一・三、九五頁)「柴田武君へのお答え」(同前 一九八一・五、一二二頁)では首里方言の「杉」を本土からの新しい移入語と見るようになっている。「ギ」で移入したから「ジ」になったというわけである。ところが、その後の調査報告によれば、「月」は「ツィチ」でありながら、「杉」が、首里方言などの「シジ」とは違って、「シギ」である方言(石垣市大浜・宮古平良・宮古伊良部町長浜など)が報告されており、その方言では移入語でないことになる。

有坂氏は早く『おもろさうし』に「木」が多く「け」で見える一方で樟が「くすぬき」で見えることを記している。現代首里方言でもその後裔と見られる「クスヌチ」の形で見える。この語がなぜ例外になるのかを有坂・服部両氏は説明していないが、沖縄方言研究者はこの語を新しく本土から「キ」の形で移入した語であるためとする。移入語で説明するという考え方が受け継がれている。しかし、都合の悪い例を、母音交替の変遷で説明するのは循環論法に陥っており、また、本土からの新しい移入語という説明で乗り切ろうとするのも難しいように思われる。被覆形が、

クガネ（黄金）・コガネ、スグス（過）・スゴス、クダモノ（果物←木だ物）・コダチ（木立）

のように二形ある場合、前二者は「ク〜」形を古いと見、「木」は「コ〜」形を古いと見れば、有坂・服部説は成り立つ。しかし、この場合も「月」が「ツィチ」でありながら「過ぎ」が「シジ」である方言と「シギ」である方言があって、説明に窮している。

『おもろさうし』に認められる、本土方言イ段音に対応するエ段音

有坂・服部説は、『おもろさうし』では、「木」が多く「け」で現れるように、「オ列乙類と交替するイ列乙類」がエ段音で現れるとする。しかし、本土方言のイ段音がエ段音で現れるのは、oZi に出る音に限らず、ɯi に出る音、i甲にも認められることなのである。（）内は問題を残す例。

	イ形で現れる例数	エ形で現れる例数
〈oZi出自〉		
オイ・オエ（生）	一語　一例	二語　一三例
キ・ケ（木）	一一語　一五例（五語八例）	七語　一二例

オリ・オレ（降）　二語　三例　一四語四二三例
オキ（起）　（一語五例）
ホロビ（滅）　一語　一例
ヒ（干）　（三語三例）
〈ui 出自〉
ウチ・ウテ（内）　一九語一五八例　一語　一例
サビ・サベ（錆）　二語　四例　一語　一例
ツキ（月）　八語　三〇例
クチ（口）　二五語　六四例
カミ（神）　三四語一八六例
ミ（身）　一語　四例
〈iɯ〉（一部を引用するにとどめる。）
アイ・アエ（合）　九語　二八例　八語　八二例
イソイ・イソエ（競）　一語　二例　一語　二例
オイ・オエ（追）　四語　九例　四語　二三例
オソイ・オソエ（襲）　四七語七三一例　二語　一例

オビ・オベ(帯)	四語	四例	一語	四例
ウラヤミ・ウラヤメ(羨)	(二語一〇例)		一語	一例
オガミ・オガメ(拝)	三語	四例	一語	一例

これらの例が、既に見た〈-aje ↔-ai〉〈-aCje ↔-aCji〉などの変化によって起きていたものであることは明らかである。本土の中世語資料で「生《オ》イ」が「生《オ》エ」で見えることが多く、早くから注目されて来たことについては先に触れた。「生イ」は、「生ヒ」の「ヒ」がφiȥで、被覆形「生《オ》ホス」を持ち、φoȥiに対応する音であるから「へ」で現れるというわけではないのである。「木」の例も、その用例を次のように見ると、〈-aCje ↔-aCi〉〈-eCje ↔-eCi〉の変化であることが分かる。

〈-a～〉くわけ(桑木)・くわけもと(桑木下)・こかねけ(金木)、〈-e～〉うへけ・うゑけ(植木)・くねふけ(九年母木)、〈-u～〉よかるけ(良かる木)・きやきやるけ(輝る木)

〈-a～〉あかき(赤木)・あかきいやご(赤木櫂)・あやき(綾木)・あやきくら(綾木鞍)・あやきぶち(綾木鞭)、〈-e～〉くせき(奇木)・くせきくら(奇木鞍)・くせきぶち(奇木鞭)、〈-u～〉くすぬき(楠)・ゆすき・よすき

「キ」(木)が「チ」にならなかったわけ

有坂・服部説が成り立たないとすると、代わってどのような説明が可能であろうか。「キ」（木）が複合語において「コ〜」形である例が数多く存すると、「木」は、同じk音を維持しようとして、「チ」にならず、「キ」でとどまったのであろう。『おもろさうし』と同時代の『日葡辞書』には「コ〜」が次のように見える。「キ〜」は省略。

〈コ〜〉Coaxi（幹）Coba（木場）Cobiqi（木挽）Cobucai（木深）Cocague（木蔭）Codacaqi（木高木）Codachi（木立）Naricodare（生木垂）Cogacure（木隠）Cogaraxi（木枯）Coi（木居）Comai（木舞）Comi（木密）Coneri（木練）Conofa（木葉）Conofa gayeri（木葉返）Conofazzuqi（木葉月）Conoma（木間）Conomanotçuqi（木間月）Conome（木芽）Conomi（木実）Conomoto（木下）Conoxitacague（木下蔭）Coqera（柿）Coqerabuqi（柿葺）Cotama（木霊）Coya（木屋・小屋）Cozauaxi（木淡）Cozuye（梢）Cozzutai（木伝）

両形で見える「コノミ」（木実）「キノミ」、「コザワシ」（木淡）「キザワシ」もあり、資料を拡げると、室町時代には「コヅクリ」（木造）「キヅクリ」、「コネリ」（木練）「キネリ」、「コノメ」（木芽）「キノメ」も両形で行われた。両形が切り離しがたい関係にあったことは明らかである。

「キ」（木）に対する「コ〜」のような語を類縁語と呼ぶと、「オキ」（起）・「オティ」（落チ）・「オリ」（降）はそれぞれ類縁語「オコス」「オトス」「オロス」に拘束されて「ウチ」「ウツィ」「ウイ」に変化することがなかったのであろう。これに対して、「ツキ」（月）には「ツクヨ」（月夜）、「ウチ」（内）には「ウツバリ」（梁）「ウツムロ」（無戸室）、「クチ」（口）には「クツバミ」（轡）「クツワ」（轡）という類縁語がそれぞれ存したけれども、これらの場合は多用される語でなかったためにそれによって語形が拘束されることがなかった。「過ギ」は、既に見たように「シギ」の方言と「シジ」の方言とがあって、その説明に窮して来た。この場合は、或る方言では類縁語「スグス」「スゴス」に拘束され、別の方言では拘束されなかったのである。類縁語に拘束されるという精神的なレベルの力と、口蓋化するという生理的なレベルの力とが相反した方向に働くわけであるから、どの形で実現するかが截然と分かれないのは当然のことなのであった。

「木」の場合も、首里方言では「キ」「ギ」の形を維持するのが一般でありながら、少数ながら「チ」「ジ」になっている語もある(『沖縄語辞典』)。

チヌク(茸)・ヒヌチ(桧)・フクジ(福木)・ヤナジ(柳)・イトゥヤナジ(糸柳)・タチジ(薪)・タチジトゥイ(薪取)・クスヌチ(楠)・クルチ(黒木・琉球黒檀)・ヤマグルチ(山黒木)・チヤイ(木遣り)・ヒョウシジ(拍子木)・ヌチジヤア(貫き木家)

「キ・ギ」形をとる語が、「キイ」(木)「キイクジ」(木釘)「キイブトゥキ」(木仏)「クサキ」(草木)「カリギイ」(枯木)「ニワギイ」(庭木)のように木の意味が強く意識される語であるのに対して、「チ・ジ」形をとる語は、「チヌク」(茸)「ヒヌチ」(桧)のように木が意識されない語に片寄っている。「クスヌチ」(楠)は、「クス」だけで木の名であることが分かるために「キ」に木が意識されないのであろう。しかし、人の意識によるから、例外もあり、截然と分かれているわけではない。

沖縄方言における「キ・ギ」の「チ・ジ」への変化

目を拡げると、「キ・ギ」の振る舞い方が次のような姿を呈する方言があることが知られている。

首里方言など　殆どの語が「チ・ジ」になっているが、「木」「起キ」など、「コ〜」形の類縁語との繋がりが強い語が「キ・ギ」である方言

鹿児島県大島郡和泊町手々知名方言　「キ・ギ」のままの語と「チ・ジ」に変化している語との間に違いが認められていず、後者の語の方が多い方言

金武・糸満・渡名喜方言など　キ→チ、ギ→ジの変化が実現せず、もとのままキ・ギである方言

これは要するに、生理的レベルで進行する変化と、類縁語との断絶を防ごうとする精神的レベルの力とが相克して、口蓋化の度合いがさまざまな形で折り合った結果と見られる。

沖縄方言の史的位置

服部四郎氏は、沖縄方言が奈良時代を遡ること更に古い時代に本土方言と分岐したとする説を主

張し、沖縄方言研究者の多くがそれに従って来た。しかし、中世日本語を研究対象とする私の目から見ると、それは中世本土方言のような姿から歩みを異にして行ったものとしか考えられない。ハ行音のp音は、本土の奈良時代以前に行われていた音が残っているのではなく、Φから新たに再生したものと推定される(第一四節)。また、服部氏は東西アクセント分岐の原因を沖縄方言で広く行われている長音に求めた。しかし、古く日本語に長音が存しなかったことは本書5上で論じ、アクセント体系分岐の原因が他に求められることについては『日本語の歴史1』第八節と本書第九節で論じた。そして本節では「木」「起キ」についての有坂・服部説が妥当でないことを論じた。

もう一つ、服部氏は、いわゆる言語年代学に従って、沖縄方言と本土京畿方言との分岐の時期を「上古語よりも古いところ」「奈良朝より以前」と推定した。しかし、先に見た根拠が崩れると、それだけをもってその古さを主張するのはむずかしい。

なお、念のために断っておくと、分岐という時、服部氏はその言語を使う人々が本土から移住した時期と重ねて考えているが、私は二つの方言がそれぞれ独自に内的変化を重ねて大きく異なる歩みをするようになったのが中世であると考えるということである。

私は、『おもろさうし』を読む時、自分が専門とする本土中世語資料のそれに近いものをいつも感じて来た。その言語は本土中世語の姿から異なる方向に歩みはじめているものである。日本語の歴史を明らかにする上で沖縄方言への目差《まなざ》しはこれを欠くことができない。

おわりに

日本語の音節は、本来子音（C）一つと母音（V）一つとからなっており、CV構造と呼ばれる単純なものであった。この音節が列なって、「so・ra」（空）「sa・ku・ra」（桜）などのように語を形作っていた。別に母音だけの音節も存したが、それは本来は語頭にしか立たなかった。従って、これを発声器官の動きから見ると、発声器官のどこかを閉じ（または狭め）、母音で開くという運動を繰り返すものであった。

ところが、時代が進むにつれて語彙量を増やすために複合語を作ると、語中に母音が連続する語が多く生じることになった。

アライソ（araiso甲、荒磯）・ワカアユ（wakaaju、若鮎）・クニウチ（kuniuti、国内）・ミナウラ（mi甲naura、水占）・ミヅウミ（mi甲 duumi甲、水海）・カムオヤ（kamuoja、神祖）…

ここに生じた母音連続CVVは、複合度の高い場合には一つの音節と意識され、発音されるようになった。『万葉集』で結合度の高い母音連続が韻律上一音扱いになっているのはそのためである。

水占《みなうら》延《は》へてな（美奈宇良波倍弖奈）（一七・四〇二八⑤）七音句八文字

布勢《ふせ》の水海《みづうみ》に（布勢能美豆宇弥尓）（一七・三九九三長歌長句）七音句八文字

遠《とほ》つ神祖《かむおや》の（等保追可牟於夜能）（一八・四〇九六②）七音句八文字

しかし、CV構造である日本語の中にCVVという長音節が混じることは望ましいことではなかった。そのため、起きていたのが母音の脱落であった。「アリソ」「ワカユ」「クヌチ」という形になることによって音節の粒を揃えようとしていた。しかしながら、「ミナウラ」「ミヅウミ」「カムオヤ」はそのままの形で行われている。これはどういうことなのか。脱落形「アリソ」は語形が損傷しており、「アリ」から「荒《アラ》」、「リソ」から「磯《イソ》」を想起するのは奈良時代の人にとっても負担が大きかったはずである。音節の粒を揃えると語形が損傷し、語形の損傷を避けると音節の粒が揃わないという、そういう困難に奈良時代の日本語は陥っていたのである。

この困難を人々は音便を一般化することによって克服した。音便は発音労力を怠けて起き始めた現象であった。だから、それが名詞などに起きている限りはやがて立ち消えになってもおかしくない変化であった。ところが、イ音便が動詞の活用語尾に拡がって行くと、それが有効な変化であることが分かって来た。〈カキ甲テ（掻きて）→カイテ〉を例にとると、この語中の「イ」は一音節として独立した。そのことは次の例などから分かる。動詞「カイ」（掻い）は『万葉集』で二音扱いとなっている。

真梶《まかぢ》掻い貫き（麻可治加伊奴吉）（一七・三九九三長歌長句）七音句七文字

「イ」が一音節として独立することができたのは、一つには語幹を保持する力が働いたからであり、もう一つには、音便形が拡がってから以後も併用されていた原形に支えられたからである。原形「カキテ」の三音節に支えられて音便形「カイテ」も三音節を保った。

こうして狭義のイ音便によって語中の母音イが独立すると、複合語に生じた母音連続における「イ」、例えば「アライソ」の「イ」なども一音節として独立し、やがてすべての語中の母音が一音節として独立した。語形を損傷させることなく、音節の粒をVとCVの粒の揃ったものにすることができた。発音の労力を怠けてはじまった音便であったが、このような役割を果たすことが分かって、人々はそれを一般化し定着させたのである。

他方、促音便は促音を、撥音便は撥音を生み出すことによって、それまで開音節化して受け入れていた漢語の受容を容易にした。

しちほう（七宝）→しっぽう、にちくわう（日光）→にっくわう、べちしん（別心）→べっしん

しをに（紫苑）→しをん、てをさむmu（朝参）→てうさむm、ぼに（盆）→ぼん

語彙量を増やすもう一つの有効な方法は外国語の移入であって、促音便と撥音便とはそのことのために役立った。

音便は、「カキテ」（掻・書）「モチテ」（持）「ヨミテ」（読）を「カイテ」「モッテ」「ヨンデ」などと形を変えたもので、見かけの形だけを見るとそこにさほど大きな意味を認めにくい。しかし、実は右述のように大きな役割を果たしたと言わなくてはならない。

イ音便の「イ」が一音節として独立すると、撥音(ン)、ウ音便・イ音便によって生まれた長音(ー)、促音(ッ)も語幹保持のために一音節として独立性を持つようになった。しかし、母音に比べて撥音・長音・促音は一音節としての独立度が低い。中でも促音は最も独立度の低いものである。そのため、促音便を多用する方言では撥音・長音も独立度が低くなった。

その結果、日本語のアクセント体系は、大きくは三つの体系に分岐し、名詞などのアクセントになると、多種多様な変容を見ることとなっている。一つの言語のアクセント体系がこれほどばらばらであってよいのかと思われるほどである。また、「イ」・撥音・長音・促音の独立性の弱さは二音節を単位とする韻律を生み出し、音節単位の韻律と二重構造状態となっている。「古池や」に「フ・ル・イ・ケ・ヤ」と「フル・イケ・ヤ」の二重の韻律意識が生まれている。現在の日本語は、CV構造の五十音体系を背骨としながら、この二つの問題をどう克服するかでもがいている。

音便はさまざまな展開を見せ、日本語音韻史上に起きた主要な諸事象は音便がもたらしたものと言って過言ではない。その細部については第一節以下に論じたところである。

私が本巻に「音便の千年紀」と副題した所以である。

……、ところで、次の千年紀に起きるであろう大きな変化の兆しは、現在の日本語のどこかに、誰にも気付かれることなくその姿をのぞかせているのだろうか?

あとがき

本書の構想は、『室町時代語を通して見た日本語音韻史』（武蔵野書院　一九九三・六）を公刊した後、二〇〇一年の国語学会秋季大会（於福井市）において行った講演「日本語音韻史」にはじまる。それから更に歳月を経てようやくここに一つの形にすることができた。目指したところは、はじめに記したところで、日本語の歴史の動的な説明を構築することであった。突き詰めて考え抜いていないところも少なくないという苦い思いも残る。しかし、歴史に耳を傾け、まがりなりにも音便を軸にこの千年紀の日本語音韻史の骨組みだけ―まさに骨組みだけは私の視点から素描した。習作などと言って再度構想できるような状況にもはや私はいない。原稿を手放す今、本書が、日本語の歴史に思いを致す人々、特に若い読者をも惹き付ける力を持ったものになっていることを秘かに願う。そして、読者の、本書に厳しい検討を加えて下さることを願う。末筆ながら、先学の研究者に改めて心からなる敬意を表し、武蔵野書院主前田智彦氏に謝意を表して、筆を擱く。

二〇一五年二月一一日

柳田征司

◆著者紹介
柳田 征司（やなぎだ・せいじ）

元、安田女子大学専任講師、愛媛大学・奈良女子大学・奈良大学各教授。
現在東洋文庫研究員。

主な著書

『詩学大成抄の国語学的研究』（清文堂　1975. 9）
『室町時代の国語』（東京堂　1985. 9）
『室町時代語資料による 基本語詞の研究』（武蔵野書院　1991. 7）
『室町時代語を通してみた 日本語音韻史』（武蔵野書院　1993. 6）
『室町時代語資料としての 抄物の研究』（武蔵野書院　1998. 10）
『日本語の歴史 1　方言の東西対立』（武蔵野書院　2010. 4）
『日本語の歴史 2　意志・無意志』（武蔵野書院　2011. 5）
『日本語の歴史 3　中世口語資料を読む』（武蔵野書院　2012. 5）
『日本語の歴史 4　抄物、広大な沃野』（武蔵野書院　2013. 4）
『日本語の歴史 5 上　音便の千年紀』（武蔵野書院　2014. 5）

日本語の歴史 5 下　音便の千年紀

2015 年 5 月 10 日 初版第 1 刷発行

著　　者：柳田 征司
発 行 者：前田 智彦
装 幀 者：武蔵野書院装幀室
発 行 所：武蔵野書院
〒101-0054
東京都千代田区神田錦町 3-11 電話 03-3291-4859　FAX 03-3291-4839

印刷製本：シナノ印刷株式会社

ISBN 978-4-8386-0457-9 Printed in Japan